Einführung in die griechische Sprache I
Krämer · Griechische Wortkunde

Einführung in die griechische Sprache I

auf der Grundlage der Sprache Platons
unter Einbeziehung des Neuen Testaments
für Hochschulkurse sowie fakultative Kurse an Gymnasien

Helmut Krämer

Griechische Wortkunde

4. Auflage

Verlag W. Kohlhammer
Stuttgart Berlin Köln

Inhalt

Die Deutsche Bibliothek - CIP-Einheitsaufnahme

Krämer, Helmut:
Einführung in die griechische Sprache : auf der Grundlage der
Sprache Platons unter Einbeziehung des Neuen Testaments für
Hochschulkurse sowie fakultative Kurse an Gymnasien /
Helmut Krämer. – Stuttgart ; Berlin ; Köln : Kohlhammer.

1. Griechische Wortkunde. – 4. Aufl. – 1997
ISBN 3-17-014938-5

Vierte Auflage 1997
Alle Rechte vorbehalten
© 1975 W. Kohlhammer GmbH
Stuttgart Berlin Köln
Verlagsort: Stuttgart
Gesamtherstellung: W. Kohlhammer Druckerei GmbH + Co. Stuttgart
Printed in Germany

Vorwort

Wer sich heutzutage anschickt, ohne den Besuch eines altsprachlichen Gymnasiums die Sprache der alten Griechen zu lernen, hat dafür seine Gründe. Ihn veranlaßt ein gewisses Bildungsbedürfnis, vielleicht gar ein tieferes Fragen nach dem Ursprung geistiger Traditionen des Abendlandes, oder er hat ein Studium in Aussicht genommen bzw. bereits begonnen, das die Kenntnis des Griechischen erfordert, wie es für die Theologie, die Alte Geschichte oder die allgemeine Sprachwissenschaft zutrifft. Ob nun freiwilliger Entschluß oder Zwang eines vorgeschriebenen Studienweges oder beides – die Sache ist auf einem sinnvollen und möglichst effektiven Wege anzugehen. Hier gilt immer noch der Rat des jüngeren Plinius: multum legendum esse, non multa.

Die beiden Bereiche griechischer Prosa, von denen eine anhaltende und wohl die größte geistesgeschichtliche Wirkung ausgegangen ist und die sich deshalb für die Beschäftigung mit dem Griechischen in erster Linie anbieten, sind die Philosophie und das Neue Testament, innerhalb der Philosophie wiederum das Werk Platons.

Platon hat die ihm vorausliegenden Denkansätze verarbeitet, die geistigen Fragen seiner Zeit aufgenommen und wie kein anderer die Sprache der nachfolgenden Philosophie beeinflußt, auch wo man gegen ihn steht. So eröffnet sich über ihn ein fruchtbarer, wenn nicht *der* Zugang zum griechischen Denken überhaupt. Seine Sprache, die künstlerisch geformte Umgangssprache der Gebildeten der Zeit, ist plastisch, lebendig, durchsichtig, in sich konsequent und deshalb verläßlich; sie nimmt den Leser in die Bewegung des Denkens mit hinein. So ist sie wie kein anderer griechischer Sprachtyp geeignet, einen präzisen Zugang zum Griechischen zu verschaffen.

Das Neue Testament ist, zunächst vom Sprachlichen her gesehen, komplizierter. Das hellenistische Griechisch, das seine Autoren schreiben, hat sich als Weltsprache abgeschliffen und damit an Präzision verloren; dazu haben außergriechische, insbesondere semitische Denk- und Sprechweisen eingewirkt. Die Dokumente des Neuen Testaments weisen nicht geringe sprachliche Unterschiede auf innerhalb einer Spanne, die einerseits von der Kunstprosa des Hebräerbriefs und den lukanischen Schriften mit ihrer gewissen Nähe zum attischen Griechisch, andrerseits von der prophetischen Sprache der Apokalypse begrenzt wird, die ganz vom Alten Testament geprägt ist. Hinzu kommt: Das sachgemäße Verstehen eines neutestamentlichen Textes innerhalb seines jeweiligen Horizonts setzt gewisse Kenntnisse voraus, über die der Anfänger noch nicht verfügt, und darum sind solche Texte im Grunde schwieriger als die für einen Sprachkursus in Frage kommenden Texte Platons.

So liegt auf der Hand, daß sich der Einstieg ins Griechische über Platon empfiehlt. Wie Theologiestudenten und solche, die es werden wollen, verfahren sollen, ist freilich heute umstritten. Die „Sprachenprojektgruppe Griechisch" hat 1972 in einem Kompromiß empfohlen, der Sprachausbildung von Theologiestudenten Texte des Neuen Testaments und Platons zugrunde zu legen (vgl. Reform der theologischen Ausbildung Bd. 10, 1973, S. 20); dabei sind Reihenfolge wie Schwerpunkt offengeblieben. Daher gibt es heute Kurse, die sich auf Platon konzentrieren mit Ausblicken auf das Neue Testament und im Graecum Platontexte vorlegen, sowie andere, die sich mit dem Neuen Testament beschäftigen und in der Sprachprüfung dabei bleiben, aber auch Platonlektüre in Aussicht stellen. Wer sich im Handwerk auskennt, weiß, daß letzteres leicht eine freundliche Illusion bleiben kann, aber immerhin dem angekündigten Programm einen gewissen Glanz verleiht. Unter didaktischen Gesichtspunkten wäre anzumerken: Die Ausbildung am neutestamentlichen Griechisch hat den Nachteil, daß dem Anfänger viele Texte deutsch auswendig besser geläufig sind als er sie griechisch lesen kann; ihre „Übersetzung" bleibt oft im bloßen Nachempfinden hängen, ohne daß es noch zu einer ernsthaften Bemühung um Erfassung des genauen Inhalts kommt, wozu der Abstand beim platonischen Text zwingt. Wer dagegen von Platon zum Neuen Testament kommt, hat den nicht zu unterschätzenden Vorteil, den Gehalt neutestamentlicher Aussagen im innergriechischen Vergleich schärfer sehen und fixieren zu können.

Die vorliegende W o r t k u n d e ist so angelegt, daß sie bei beiden heute praktizierten Kursusarten benutzt werden kann. Sie legt differenziert den gesamten Lernstoff vor, soweit er vokabelmäßig zu bewältigen und jeweils bis zur Sprachprüfung anzueignen ist. Sie bezieht dabei alle in Frage kommenden Pronomina, Präpositionen, Konjunktionen, Partikeln, die sog. unregelmäßigen Steigerungsformen sowie die häufiger vorkommenden Zahlwörter ein und gibt den Verben einige nicht selbstverständliche und in den Texten wirklich vorkommende „Stammformen" bei. – Der Wortschatz ist etymologisch straffer geordnet, als es im allgemeinen üblich ist. Verstehen, Lernen und Behalten der Vokabeln werden wesentlich erleichtert, wenn die sprachlichen Zusammenhänge immer wieder vor das Auge gerückt und ins Bewußtsein gebracht werden. Demnach sollte der Student von Beginn an die Wortkunde benutzen, damit sich ihm im Verlauf des Kursus die Wortgruppen vervollständigen und zusammenbauen.

Was die L e r n p r a x i s betrifft, so tragen die Zeichen * und † der verschiedenen Ausrichtung der einzelnen Kurse Rechnung. Dazu sei bemerkt, daß nur der Stern (*) ein sicherer Hinweis ist in dem Sinne, daß eine Vokabel (bzw. eine Bedeutung) nicht im Neuen Testament vorkommt, auch nicht in einem Kompositum oder abgeleiteten Wort; man kann damit also Überlegungen anstellen, welche griechischen Begriffe von den neutestamentlichen Autoren nicht benutzt werden (z.B. ἀνδρεῖος 52, εὐδαίμων 132, ἔραμαι 220, μοῖρα 407, τύχη 655). Das Kreuz (†) dagegen läßt sich in diesem Sinne nicht auswerten; es kann bedeuten, daß das betreffende griechische Wort bzw. seine Bedeutung (noch) nicht bei Platon vorkommt, aber auch, daß es sich bei ihm findet, jedoch nicht zum „platonischen" Lernstoff gehört. In einem Sprachkursus mit Schwerpunkt Platon können also die mit † bezeichneten Wörter und Bedeutungen beiseite bleiben; der Student müßte bis zum Graecum die 300 mit * versehenen sowie die nicht besonders markierten 1510 Vokabeln, insgesamt also 1810 Wörter lernen.

Für diejenigen Sprachkurse, die sich im wesentlichen nur mit dem Neuen Testament befassen und auch hier noch Unterschiede im Soll der Vokabelkenntnis machen wollen, sind die Zeichen ● und ○ gedacht. Nach sinnvoller Auswertung des statistischen Befundes haben 1100 Wörter, die zehnmal und öfter im Neuen Testament vorkommen, das Zeichen ● bekommen, mit ○ sind weitere 540 Vokabeln gekennzeichnet, die sich fünf- bis neunmal im N.T. finden; unbezeichnet geblieben sind die übrigen 460 N.T.-Vokabeln, die wegen ihrer Relevanz für die Platonlektüre in den Wortschatz aufgenommen sind.

> Was mit sinnvoller Auswertung der Statistik gemeint ist, sei an wenigen Beispielen verdeutlicht! ἀσκός kommt zwar zwölfmal, aber nur im Gleichnis vom Wein in den Schläuchen, d.h. im Grunde nur einmal vor und ist deshalb, zumal es auch bei Platon keine Rolle spielt, nicht aufgenommen. αἰχμάλωτος findet sich zwar nur einmal, kommt aber mit seinen ohne weiteres verständlichen und deshalb nicht eigens genannten Ableitungen (3 συναιχμάλωτος, 1 αἰχμαλωτεύω, 4 αἰχμαλωτίζω, 3 αἰχμαλωσία) im ganzen auf die Zahl 12 und muß daher mit ● bezeichnet werden. Das Simplex βαίνω gibt es im N.T. nicht, das Verb kommt aber außer in den aufgeführten Komposita noch über hundertmal als ἐμ-, ἐπι-, καταβαίνω vor und hat daher nicht nur keinen Stern, sondern ist durch ● gekennzeichnet.

Von den 2400 Vokabeln der Wortkunde gelten 1810 der Platonlektüre, ohne daß hier nach der Häufigkeit des Vorkommens abgestuft ist, und 2100 der Lektüre des Neuen Testaments, nach ihrer Häufigkeit in die drei genannten Gruppen aufgeteilt. Dabei sind von den 1100 mit ● gekennzeichneten N.T.-Wörtern 810, von den 540 mit ○ markierten Vokabeln 290 auch für Platon relevant, also von 1640 für das N.T. herausgehobenen griechischen Wörtern 1100 auch „platonisch". Umgekehrt verfügt ein Student, der in einem Platonkursus seine gut 1800 Vokabeln gelernt hat, damit zugleich über 1500 N.T.-Vokabeln.

Dem Wortschatz ist ein kurzer Abriß zur Wortbildung vorgeschaltet. Er soll auch dadurch, daß er gleich zur Hand ist, dem Anfänger behilflich sein, griechische Wörter und gerade solche, die als „selbstverständlich" nicht im Wortschatz genannt sind, richtig zu analysieren und zu deuten.

Ein relativ ausführlicher Index am Schluß des Buches verweist für die Vokabeln, die aus der alphabetischen Reihenfolge der unterstrichenen Leitwörter herausfallen, auf die Ziffer der Wortgruppe des Wortschatzes, in der sie aufgeführt sind; dabei wird vorausgesetzt, daß der Benutzer Präfixe und Präpositionen in Komposita erkennt und richtig ablösen kann.

Zum Schluß sei dem Verlag ein herzlicher Dank dafür gesagt, daß er das Wagnis des Drucks auf sich genommen hat!

Bielefeld, Oktober 1974 *Helmut Krämer*

Abkürzungen und Zeichen

a.	aus
Adj.	Adjektiv
adj.	adjektivisch
Adv.	Adverb
Akk.	Akkusativ
Akt.	Aktiv
akt.	aktivisch
Aor.	Aorist
att.	attisch
augm.	augmentiert
b.	bei
Bdtg.	Bedeutung
bes.	besonders
bzw.	beziehungsweise
copul.	copulativum
D:	im Deutschen sprachverwandtes Wort
Dat.	Dativ
demonstr.	demonstrativ
dh.	das heißt
dir.	direkt
DP	Deponens passivum (hat pass. Aoristform)
eig.	eigentlich
enkl.	enklitisch
erw.	erweitert
etc.	et cetera
f.	femininum
Fut.	Futur
Fw	Fremdwort
G:	im Griechischen, griechisch
Gen.	Genitiv
Ggs.	Gegensatz
Ggwt.	Gegenwart
hebr.	hebräisch
idg.	indogermanisch
Imp(er).	Imperativ
Impf.	Imperfekt
Ind.	Indikativ
indir.	indirekt
Inf.	Infinitiv
intr:	intransitiv
Kompar.	Komparativ
Komp(os).	Komposition, Kompositum
Konj.	Konjunktiv
konsek.	konsekutiv
Konstr.	Konstruktion
κτλ.	καὶ τὰ λοιπά
L:	im Lateinischen sprachverwandtes Wort
lat.	lateinisch
Lok.	Lokativ
Lw	Lehnwort
m.	masculinum
m.	mit
Med.	Medium
n.	neutrum
Neg.	Negation
neg.	negativ
Neutr.	Neutrum
Nom.	Nominativ
o.ä.	oder ähnlich(es)
obj.	objektiv
od.	oder
örtl.	örtlich
Opt.	Optativ
Part.	Partizip
Pass.	Passiv
pass.	passivisch
Perf.	Perfekt
Pers.(-)	Person(al-)
Pf.	Perfekt
Pl(ur).	Plural
Präp.	Präposition
Präs.	Präsens
priv.	privativum
prokl.	proklitisch
Pron.	Pronomen
redupl.	redupliziert
rel.	relativ
s.	siehe
sc.	scilicet
Schwundst.	Schwundstufe
Sg.	Singular
subj.	subjektiv
Subst.	Substantiv
subst.	substantivisch
Superl.	Superlativ
tr:	transitiv
u.	und
u.a.	und andere(s)
u.ä.	und ähnlich(es)
übertr.	übertragen
undekl.	undeklinierbar
urspr.	ursprünglich
u.U.	unter Umständen
v.	von
verst.	verstärkt
Vgght.	Vergangenheit
vgl.	vergleiche
Wz	Wurzel
z.B.	zum Beispiel
zeitl.	zeitlich

~ Wiederholung des vorangegangenen Wortes
> geworden zu
< entstanden aus
* nicht im N.T.
† bei Platon selten oder gar nicht
● 10mal u. mehr im N.T.
○ 5- bis 9mal im N.T.

Zur Wortbildung (Stammbildung)

Das Griechische ist in seiner Wortbildung relativ durchsichtig. Kennt man ihre Elemente, kann man die Bedeutung vieler Wörter nicht nur leichter verstehen und behalten, sondern sich auch bei der Lektüre im Textzusammenhang eine große Zahl von Vokabeln selbst ableiten, die in dieser Wortkunde nicht ausdrücklich genannt sind. Im folgenden wird in vereinfachender Darstellung nur das aufgeführt, was einigermaßen eindeutig und für die Bestimmung der Wortbedeutung hilfreich ist. Die Ziffern hinter den Beispielen verweisen auf die entsprechende Wortgruppe im Wortschatz.

Der Kern eines Wortes ist die ein- oder zweisilbige Wurzel (z. B. λεγ-); sie bildet das Bedeutungszentrum des Wortes. Durch Anfügung eines Suffixes entsteht der flektierbare (nominale oder verbale) Wortstamm (λογ-ο- 371, δουλ-ευ- 161); das Suffix fügt der Wurzel ein für uns erkennbares Beziehungselement bei. An den Wortstamm treten dann die Flexionsendungen (Kasus- bzw. Personalzeichen: λόγο-ς, δουλεύ-ω).

Bei der Stammbildung können in der Wurzel lautliche Veränderungen eintreten: im Vokalismus (wie im Deutschen z. B. stech-en/Stach-el) durch Ablaut (λεγ-/λογ- 371, γεν-/γον-/γν- 123, πειθ-/ποιθ-/πιθ- 513), beim Endkonsonanten durch Assimilation, wenn das Suffix konsonantisch beginnt (γραφ-ματ- > γραμματ- 129, κηρυκ-ματ- > κηρυγματ- 326, πιθ-τι- > πιστι- 513).

Die Analyse eines Wortes geht den umgekehrten Weg. Durch Ablösung der Flexionsendung erhält man den Wortstamm (σπέρματ-ι 597, φυγή-ν 678), durch weitere Abtrennung des Suffixes (σπερ-ματ, φυγ-η) bzw. mehrerer Suffixe (δικ-α-ιο-σύνη 139) die Wurzel (σπερ-, φυγ-, δικ-).

Seltener treten die Flexionszeichen (ohne Suffix) direkt an die Wurzel (ἅλ-ς 38, ποδ-ός 546, ἀέρ-ι 14, τρίχ-ες 281 = sog. Wurzelnomina). – Ohne Endung fungieren Wortstämme wie φυγή 678, φίλε 685, γράμμα 129, χειμών 703 als Flexionsformen.

In der folgenden Darstellung der Stammbildung werden die ausgewählten Suffixe der Nomina und Verba in ihrer Verbindung mit dem Flexionszeichen, d. h. als Ausgang des Nom. Sg. bzw. der 1. Pers. Sg. Ind. Präs. angegeben (u. U. in Klammern das Suffix in seiner ursprünglichen Form).

A. SUBSTANTIVSTÄMME

1. Personalsuffixe: nomina agentis (tätige Person)

-τήρ u. -τωρ (-τορ-) m.: tätige Person

ὁ σω-τήρ der Retter 625; ὁ ῥή-τωρ der Redner 228 (vgl. lat. ōrā-tor)

Diese beiden alten Suffixe sind zurückgedrängt durch

-της (-τᾱ-) m. (Gen. -του) (vgl. lat. Fw/Lw poē-ta, nau-ta)

a) zu Verba: tätige Person

endbetont (analog -τήρ): ὁ ποιη-τής (ποιέω) der Hersteller, Dichter 541; κρι-τής (κρίνω < κρι-ν-jω) Beurteiler, (Schieds)richter 348; δτ > στ: δικαστής (δικάζω < δικαδ-jω) Richter 139; ὑβριστής (ὑβρίζω) Frevler 659

mit anderer Betonung: κλέπ-της (κλέπτω < κλεπ-jω) Dieb 334; † ψεύστης (ψεύδομαι) Lügner 721; ἐπι-στά-της (ἐφ-ίσταμαι Wz στα-) Vorsteher 296

b) zu Nomina: zugehörige Person

ὁ ναύ-της (zu ναῦς) der Schiffer 437; οἰκέτης (οἶκος) Haussklave 460; πολίτης (πόλις) Bürger 544; † μεσίτης (μέσον) Mittler 408

-εύς (-η F-/-ευ-) m., immer unter Wortakzent: männliche Person, die sich mit dem Grundwort intensiv, dauernd, berufsmäßig beschäftigt

ὁ ἱερ-εύς (mit ἱερά Opfer) der Priester 289; ἱππ-εύς (ἵππος) Reiter 294; φον-εύς (φόνος) Mörder 691; γραμματ-εύς (γράμματα) Schreiber, † Schriftgelehrter 129
analog: Fw βασιλεύς König 90

-ός (-ό-) endbetont: tätige Person

ἡ τροφ-ός (τρέφω) die Amme 651; ὁ στρατηγ-ός (στρατός + ἄγω) der Heerführer 611; † μοιχ-ός Ehebrecher 425
zur Sachbezeichnung geworden: τροχ-ός (τρέχω) Läufer > Rad 652; σκοπ-ός (σκέπτομαι) Späher > Ziel 588. – Ähnlich können deutsche Nomina agentis auf -er (Maler, Bäcker) zugleich Sachbezeichnung sein: Läufer, Träger.

2. *Abstraktsuffixe*

a) Verbalabstrakta: nomina actionis (Tätigkeit, Vorgang) und acti bzw. rei actae
(Ergebnis, Sache)

Diesen Bedeutungsumfang hat auch das deutsche Suffix -ung: Die Lösung des Rätsels ist schwierig (Tätigkeit, Vorgang). Die Lösung des Rätsels steht da und da (Ergebnis). Man füttert Bienen mit einer Zuckerlösung (Sache).

-ος (-ο-) m. nichtendbetont (vgl. lat. lūd-us)

ὁ λόγ-ος (λέγω) das Reden, Denken; Rede,Wort, Sinn 371; τρόπ-ος (τρέπω) Wendung, Art und Weise 650; * ψόγ-ος (ψέγω)Tadel 720; πλοῦς (< πλοϝος zu πλεϝω) Schiffahrt 535; τύπ-ος (τύπτω < τυπ-jω) Schlag > Gepräge 656

-ᾱ, -η f. (vgl. lat. fug-a)

endbetont: ἡ χαρ-ᾱ (χαίρω < χαρ-jω) Freude 697; φθορ-ᾱ (φθείρω < φθερ-jω) Vernich-tung 682; φυγ-ή (φεύγω) Flucht 678; εὐχ-ή (εὔχομαι) Gebet, Gelübde 239; πληγ-ή (πλήττω) Schlag; Ergebnis des Schlags = Wunde 537
mit anderer Betonung: μάχ-η (μάχομαι) Kampf 396; * βλάβ-η (βλάπτω < βλαβ-jω) Schaden 98

-ίᾱ f.

Beachte den Bedeutungsunterschied zu den Eigenschaftsabstrakta auf -ίᾱ!
ἡ μαν-ίᾱ (μαίνομαι < μαν-jο-μαι) das Rasen, der Wahnsinn 387; † ἐπ-αγγελ-ίᾱ (ἐπ-αγγέλλομαι < -ελ-jo-) Verheißung 6; μαρτυρ-ίᾱ Zeugnis (als Vorgang) 393

-είᾱ (< -εϝ-ίᾱ, zu -εύς -εύω) f.

ἡ βασιλ-είᾱ (βασιλεύς, -εύω) die Königsherrschaft 90; παιδ-είᾱ (παιδεύω) Bildung 501; δουλ-είᾱ (δουλεύω) Knechtschaft 161; πορ-είᾱ (πορεύομαι) Marsch, Reise 519

-τις, assibiliert -σις (-σι-, -σεj-) f. (vgl. lat. mors, mor-tis f.)

ἡ πίστις (< πιθ-τις zu πείθομαι) das Vertrauen, *Treueversprechen 513; λύ-σις (λύω) Lösung 386; γνῶ-σις (γι-γνώ-σκω Wz γνω-) Erkenntnis 124; κρί-σις (κρίνω < κρι-ν-jω) Entscheidung, Urteil 348
zugleich zum Gegenstandskonkretum geworden: ἡ δό-σις (δί-δω-μι Wz δο-) das Geben, die Gabe 156; κτῆ-σις (κτάομαι) Erwerbung, Besitz 351; βρῶ-σις (βι-βρώ-σκω) Verzeh-ren, Speise 111 (vgl. lat. ves-tis Kleidung)
zum maskulinen Konkretum geworden: ὁ μάν-τις der Seher 387

-μός (-μό-) m. endbetont: meist nur „actio"

† ὁ οἰκτιρ-μός (οἰκτίρω) das Mitleid, Erbarmen 461; † διωγ-μός (διώκω) Verfolgung 159; λογισμός (λογίζομαι < -ιδ-jο-) Überlegung 371; † θερισμός (θερίζω) Ernte 274

-μη (-μᾶ) f.: Tendenz zum „actum"

ἡ γνώ-μη (Wz γνω-) die durch Erkennen gewonnene Meinung 124; μνή-μη (Wz μνη-) Erinnerung, Gedächtnis 387; φή-μη (φημί) Kundgebung, Gerücht 679
endbetont: τῑ-μή (Wz τι-) Schätzung: Preis, Ehre 643; ὀσμή (< ὀδ-μη) Geruch, Duft 491

-μα (-ματ-) n.: nur „actum" und Sachbezeichnung (Einzelding)

τὸ κτῆ-μα (κτάομαι) das Erworbene, der Besitz 351; γράμ-μα (γράφω) Geschriebenes = Buchstabe 129; δόγ-μα (Wz δοκ-) beschlossene Meinung 146; μνῆ-μα (Wz μνη-) Denkmal 387; σπέρ-μα (σπείρω < σπερ-jω) Same, Saat, † Nachkommenschaft 597; ὑπό-δη-μα (δέω) Untergebundenes = Sandale 148

-ος (-εσ-) n.: Ergebnis und Sache (vgl. lat. gen-us, gen-eris < -esis)

Beachte den Bedeutungsunterschied zu den Eigenschaftsabstrakta auf -ος n.!
τὸ γέν-ος (γίγνομαι Wz γεν-) das Geschlecht, die Gattung 123; ψεῦδ-ος (ψεύδομαι) Lüge 721; ἔπ-ος (Wz Ϝεπ-) gesprochenes Wort 185; εἶδ-ος (Wz Ϝειδ-) geschaute Gestalt 178

b) *Eigenschaftsabstrakta:* nomina qualitatis
Vgl. die deutschen Suffixe -heit (Schönheit), -keit (Eitelkeit), -igkeit (Gerechtigkeit).

-ίᾱ f. (vgl. lat. modest-ia)

Beachte den Bedeutungsunterschied zu den Verbalabstrakta auf -ίᾱ!
ἡ σοφ-ίᾱ (σοφός) die Weisheit 595; ἐλευθερ-ίᾱ (ἐλεύθερος) Freiheit 198; κακ-ίᾱ (κακός) Schlechtigkeit 304

-εια (< -εσ-jα) f.

= regelrechtes Femininum zu Adj. auf -ής (-εσ-) mit Akzentverschiebung
ἡ ἀλήθεια (< ἀληθεσjα zu ἀληθής) die Wahrheit 368; ἀσθένεια (ἀσθενής) Schwachheit 583; εὐσέβεια (εὐσεβής) Frömmigkeit 579; * ὑγίεια (ὑγιής) Gesundheit 97

-σύνη f.

ἡ δικαιο-σύνη (δίκαιος) die Gerechtigkeit 139; σωφρο-σύνη (σωφρον-) Besonnenheit 693
zugleich konkret: † ἐλεημο-σύνη Barmherzigkeit, Almosen 197

-της (-τᾱτ-) f. (Gen. -τητος, vgl. lat. līber-tās, -tātis f.)

ἡ ὁσιό-της (ὅσιος) die Frömmigkeit 490; * πρᾳό-της/† πρᾱΰ-της (πρᾷος/πρᾱΰς) Sanftmut 547; † χρηστό-της (χρηστός) Güte 714
zugleich konkret: ἡ νεό-της (νέος) die Jugend 440 (entsprechende Bedeutungsentwicklung im Deutschen: Flüssigkeit)

-ος (-εσ-) n.

Beachte den Bedeutungsunterschied zu den Verbalabstrakta auf -ος n.!
τὸ βάθ-ος (βαθύς) die Tiefe 83; βάρ-ος (βαρύς) Schwere 88; μῆκ-ος (μακ-ρός) Länge 389

3. *Verkleinerungssuffixe:* nomina deminutiva

Ursprünglich im familiären und unteren sozialen Bereich gebräuchlich, bekommen Deminutiva gelegentlich einen zärtlich-liebevollen (hypokoristischen) oder herabsetzenden (pejorativen) Ton. Im Hellenismus werden sie dann allgemein beliebt, ohne daß sie einen Beigeschmack haben müssen. – Auch die deutschen Deminutivsuffixe -chen (Fläschchen) und -lein (Kindlein) können hypokoristisch (Ihr Kinderlein, kommet!) oder pejorativ (So ein Früchtchen!) gemeint sein.

-ιον (-ιο-) n. (eig. nur „zum Grundwort Gehöriges", vgl. Adj. -ιος)

τὸ παιδ-ίον (παῖς, παιδός) das kleine Kind 501; βιβλ-ίον (βίβλος) Papyrusblatt >

Buch 96; χρῡσ-ίον (χρῡσός) Goldmünze 717; χωρ-ίον (χώρᾱ) Grundstück 707; hellenistisch † τὸ ἀρν-ίον das Lamm 66 (für älteres ὁ ἀρήν, Gen. ἀρνός)

mit anderer Betonung: ἀργύρ-ιον (ἄργυρος) Silbermünze 63; † θυγάτρ-ιον (θυγάτηρ, -τρός) Töchterchen 283

-άριον n.

τὸ παιδ-άριον (παῖς, παιδός) das Kindchen 501; † πλοι-άριον (πλοῖον) Boot 535; pejorativ: † γυναικ-άριον (γυνή, γυναικός) Frauenzimmer 131

-ίσκος (-ίσκο/η)

hypokoristisch: ὁ νεᾱν-ίσκος (νέος, νεᾱνίᾱς) der Jüngling 440
pejorativ: † ἡ παιδ-ίσκη (παῖς, παιδός) die Magd 501

4. Lokal- u. Instrumentalsuffixe: nomina loci u. instrumenti

-τήριον (< -τήρ + -ιο-) n.: Ort und Instrument (vgl. lat. audī-tōrium)

Ort: τὸ δικαστήριον (δικαστής) das Gericht, der Gerichtshof 139; δεσμωτήριον (δεσμώτης Gefangener) Gefängnis 148
Instrument: πο-τήριον (πῑ́νω Wz πο-) Trinkinstrument = Becher 529

-εῖον (Betonung!) n.: Ort

τὸ μνημ-εῖον der Ort der Erinnerung (μνήμη) > Denkmal, Grab 387; † εἰδωλ-εῖον (εἴδωλον) Götzentempel 178

-ών (Gen. -ῶνος) m.: Ort

vgl. ὁ Παρθεν-ών der Ort = Tempel der Jungfrau (παρθένος) sc. Athena 504
† ὁ ἀμπελ-ών (ἄμπελος) der Weingarten 44; † νυμφ-ών (νύμφη) Brautgemach, Hochzeitssaal 451; † ἀφ-εδρ-ών (ἕδρᾱ) Ort wo man abseits sitzt = Abort 172

B. ADJEKTIVSTÄMME

Im Deutschen sind die häufigsten Adjektivsuffixe -ig (freudig, bergig) und -lich (freundlich, herzlich).

-ιος (-ιο-): Zugehörigkeit, Beziehung (vgl. lat. rēg-ius)

οὐράν-ιος (οὐρανός) himmlisch 495; * πολέμ-ιος (πόλεμος) feindlich 543; τῑ́μ-ιος (τῑμή) wertvoll, geehrt 643; * δαιμόν-ιος zu einem Daimon gehörig 132

in Verbindung mit dem Stammauslaut des Grundwortes

-α: -αιος

βίαιος (βίᾱ) gewalttätig, gewaltsam 95; δίκαιος (δίκη) gerecht 139; ἀναγκαῖος (ἀνάγκη) nötig 49

-εσ- u. -εϝ-: -ειος

τέλειος (< τελεσjος) vollendet 502; βασίλειος (< βασιλεϝjος) königlich 90 Analogiebildung: * ἀνθρώπειος menschlich 53; οἰκεῖος häuslich u. ä. 460

-ικός (-ικό-) endbetont: Zugehörigkeit, Beziehung, auch Eignung (vgl. lat. bell-icus)

Gegenüber dem ziemlich nichtssagenden und deshalb in großer Breite auftretenden Suffix -ιο- wurde -ικό- unter dem Einfluß der Sophistik zum Ausdruck allgemeiner Begriffsbeziehungen gebräuchlich und daher für die wissenschaftliche Terminologie geeignet.
   * πολεμ-ικός zum Krieg (πόλεμος) gehörig, z. Kr. geeignet = kriegerisch 543; † νομ-ικός das Gesetz (νόμος) betreffend, gesetzeskundig 439; † σαρκ-ικός zur Kategorie σάρξ gehörig: fleischlich 576; * δια-λεκτ-ικός zum διαλέγεσθαι fähig 371; * ἡ διαλεκτική (sc. τέχνη) die Dialektik. – Im Deutschen entspricht das Adjektivsuffix -isch in Fremdwörtern: dialektisch, physisch (φυσικός).

-ινος (-ινο-) nichtendbetont: Stoff

Im Deutschen entsprechen die Stoffsuffixe -en (golden) und (über „silbern") -ern (steinern).
λίθ-ινος (λίθος) steinern 379; ξύλ-ινος (ξύλον) hölzern 456; † σάρκ-ινος (σάρξ) fleischern
576
allgemeiner: ἀνθρώπ-ινος von Menschen stammend, menschlich 53

-οῦς (-εο-) kontrahiert: Stoff, auch Farbe (vgl. lat. aur-eus)

χρῡσοῦς (χρῡσός) golden, goldfarbig 717; ἀργυροῦς (ἄργυρος) silbern 63; σιδηροῦς
(σίδηρος) eisern 585; † πορφυροῦς (πορφύρᾱ) purpurfarbig 545

-τερος (-τερο-): Kontrast, vergleichende Gegenüberstellung „von zweien"

(vgl. lat. noster/vester, u-ter; deutsch we-der, vor-dere)
ἡμέτερος/ὑμέτερος (ἡμεῖς/ὑμεῖς) unser/euer 256/664; πό-τερος (zu τίς) wer von beiden? 644; * ἑκάτερος jeder von beiden 189; πρό-τερον/ὕστερον früher/später 552/670
daher Komparativsuffix: μακρό-τερος länger (als sein Gegenteil „kürzer")

C. VERBALSTÄMME

Das Griechische ist hier recht produktiv; doch können nur wenige Verbalsuffixe in
ihrer Bedeutung festgelegt werden, da dasselbe Suffix verschiedene Bedeutungen haben
kann und für die gleiche Bedeutung verschiedene Suffixe gebräuchlich sind. Deshalb
werden im folgenden nur einigermaßen deutliche Suffixe von denominativen (d.h.
von einem Nomen abgeleiteten) Verben aufgeführt.

-εύω

    1. „sein, was das Grundwort sagt"

βασιλεύω bin König (βασιλεύς) 90; † φον-εύω bin Mörder (φονεύς), morde 691; δουλ-εύω
bin Sklave (δοῦλος), diene 161

    2. „sich mit dem beschäftigen, was das Grundwort sagt"

παιδ-εύω (mit παῖς, παιδός) erziehe, bilde 501; θηρ-εύω (mit θήρᾱ Jagd) jage 277

-έω zu Komposita: fast immer „das und das sein"

ἀθῡμ-έω bin mutlos (ἄθῡμος) 285; ἀπειθ-έω bin ungehorsam (ἀπειθής) 513; εὐεργετ-έω
bin Wohltäter (εὐεργέτης), tue jmd. wohl 221; κατηγορ-έω bin Ankläger (κατήγορος),
klage an 7

-όω

    1. faktitiv: „zu etwas machen"

δουλ-όω mache zum Sklaven (δοῦλος), knechte 161; δηλ-όω mache offenbar (δῆλος)
150; κεν-όω mache leer (κενός) 318

    2. instrumentativ: „mit etwas versehen"

στεφαν-όω bekränze (mit στέφανος) 607; ζημι-όω schädige, bestrafe (mit ζημίᾱ) 246;
† μαστῑγ-όω geißle (mit μάστιξ, -ῑγος) 394

-αίνω zu Adjektiven:

    1. faktitiv

† θερμ-αίνω mache warm (θερμός), wärme 274; † ξηρ-αίνω mache trocken (ξηρός) 455

    2. intransitiv (Zustand)

ὑγι-αίνω bin gesund (ὑγιής) 97; * χαλεπ-αίνω bin böse (χαλεπός), zürne 699

-ύνω zu Adjektiven: faktitiv

βαρύνω (βαρύς) beschwere 88; εὐθύνω richte gerade (εὐθύς) 236; † μεγαλύνω mache
groß (μεγαλο-) 397

D. ADVERBBILDUNG

Bei der folgenden (alphabetisch geordneten) Auswahl von Adverbialsuffixen (-ausgängen) sind fast alle in einer erstarrten Kasusform bestehenden Adverbien beiseite gelassen.

-δην u. -δόν: wie?

* συλλήβ-δην zusammenfassend 366; σχε-δόν (anschließend:) beinahe 242; † ὁμοθῡμα-δόν einmütig 285

-θα: wo(hin)?

* ἐν-θα da(hin) 203; * ἐνταῦ-θα hier(her) 203

-(σ)θε(ν): wo?

ὄπι-σθε(ν) hinten 216; πρό-σθε(ν) vorn 552

-θεν: woher?

πό-θεν woher? 644; ἐκεῖ-θεν von dort 191; ἐντεῦ-θεν von hier 203; * οἴκο-θεν von Hause 460

-θι: wo?

* ἄλλο-θι anderswo 37; * αὐτό-θι ebendort 81

-(ά)κις: „mal"

πολλά-κις vielmals, oft 528; τετρά-κις viermal 638

-ου: wo?

ποῦ wo? † auch: wohin? 644; αὐτοῦ an Ort und Stelle 81; πανταχοῦ überall 506; * οὐδαμοῦ nirgendwo 493

-σε: wohin?

ἐκεῖ-σε dorthin 191; * ἄλλο-σε anderswohin 37

-(ο)τε: wann?

πό-τε wann? 644; ἑκάστο-τε jedesmal 189; † πάντο-τε immer 506

-τός: wo? (vgl. lat. in-tus)

ἐν-τός innerhalb 203; ἐκ-τός außerhalb 209

-ω, -ως: wie?

zu Pronomina: οὕτω u. οὕτως so 457; πῶς wie? 644; ὡς wie 489
zu Adjektiva nur -ως: καλῶς 307, ἡδέως 253

ANHANG: NOMINALPRÄFIXE

ἀ- privativum (vor Vokal ἀν-): „un-" (vgl. lat. „in-")

vokalisierte Schwundstufe der idg. Negation ne- (vgl. lat. ne-scīre): n̥- > ἀ- (vgl. ἄ-δικος / in-iūstus / un-gerecht)
* ἄ-θῡμος mutlos 285; ἀ-σθενής ohne Kraft, schwach 583; * ἀν-όμοιος unähnlich 187; ἀ-νομίᾱ Gesetzlosigkeit 439

ἀ- (ά-) copulativum: „(nur) ein", auch „zusammen, (ge)samt"

vokalisierte Schwundst. der Wz sem- „eins" 187: sm̥- > ἀ-
ἅ-παξ einmal 524; ἁ-πλοῦς einfach 57; ἅ-πᾱς gesamt 506
ἁ- wurde vor Hauch durch Hauchdissimilation (oder durch Psilose d.h. „kahle" = unbe-hauchte Aussprache in gewissen Dialekten) zu ἀ-, das analogisch weiterwucherte:
* ἀ-κόλουθος einen Weg (κέλευθος) habend = Begleiter, folgend 30; ἀ-δελφός aus einem Mutterleib (δελφύς) stammend = Bruder 10
intensiv: * ἀ-τενής mit Spannung (davon † ἀ-τενίζω sehe gespannt auf jmd.) 632

δυσ-: „miß-", „übel-" o.ä.

* δυσ-θῡμίᾱ Mißmut 285; * δυσ-τυχής unglücklich 655; † δυσ-ερμήνευτος schwer dar-zulegen 226

Wortschatz

A

o 1 † ἡ ἄβυσσος   (grundlos:) Abgrund,
     (sc. θάλασσα) Unterwelt
● 2   ἀγαθός   tauglich, tüchtig,
            gut [Fw *Agathe*]
● 3 † ἀγαλλιάομαι   juble
o   † ἀγαλλίᾱσις   Jubel
o 4   ἀγανακτέω   bin unwillig, entrüstet
● 5   ἀγαπάω   1. liebe
             * 2. bin zufrieden mit
●   † ἀγάπη   Liebe

6   (Lw a. d. Orient):

●   ἄγγελος   Bote, † *Engel*
●   ἀγγέλλω, ἀπ-,   melde, berichte,
●   † ἀναγγέλλω   verkünde
●   ἐπαγγέλλομαι   biete (von mir aus) an,
             verspreche (unaufge-
             fordert), † verheiße
●   † ἐπαγγελίᾱ   Verheißung
●   † εὐαγγέλιον   frohe Botschaft, *Evan-*
             gelium
●   † εὐαγγελίζομαι   1. Med: verkünde die
     (selten -ίζω)   (bzw. als) frohe
             Botschaft (jmdm.
             τινί u. τινά)
             2. Pass: bekomme die
             fr. B. zu hören
●   † καταγγέλλω   verkündige (feierlich)
●   παραγγέλλω   befehle
7   * ἀγείρω   versammle
●   ἀγορά   Versammlung(splatz),
             Markt
●   † ἀγοράζω   (verkehre auf d. Markt:)
             kaufe ein
   ἀγορεύω   rede (öffentlich in der
             Versammlung), sage
   ἀπαγορεύω   versage = 1. tr: verbiete
     Aor. ἀπεῖπον   * 2. intr: ermüde
   κατήγορος   (gegen jmd. redend:)
             Ankläger

●   κατηγορέω   klage jmd. an wegen
   τινός τι
   κατηγορίᾱ   Anklage [seit Aristote-
             les auch: Grundaussa-
             ge = Fw *Kategorie*]

● 8   ἅγιος   heilig
●   † ἁγιάζω   heilige
●   † ἁγιασμός   Heiligung
●   † ἁγνός   (kultisch, sittlich) rein
o   † ἁγνίζω   reinige (rituell)

● 9   ἄγω L: *agō*   1. tr: treibe, führe,
     Aor. ἤγαγον,   (ge)leite; Aor: hin-
     Inf. ἀγαγεῖν   bringen
             2. intr: gehe, ziehe
   ἄγε, ἄγετε   wohlan!
o   † ἄγωμεν   intr: laßt uns gehen!
o   ἀνάγω   führe hinauf
●   † ἀνάγομαι DP   steche in See
   διάγω   verbringe (eine Zeit),
             lebe
●   † παράγω   intr: gehe vorbei
●   προάγω   1. tr: führe vor(wärts)
             2. intr: gehe vorwärts,
             voran (τινά jmdm.)
●   συνάγω   bringe zusammen,
             (ver)sammle
●   † συναγωγή   Versammlung(splatz),
             Synagoge
●   † ὑπάγω   intr: gehe (weg)
o   ὁ ἀγών,   (Versammlungsort:)
     ῶνος   1. Wettkampf
             * 2. Prozeß
●   ἀγωνίζομαι   1. (wett)kämpfe
             [Fw *Antagonismus*]
             * 2. prozessiere
●   ἀγρός   D: *Acker*, Feld
     L: *ager*   (Ggs. Stadt)
   ἄγριος   (auf dem Feld wachsend
             oder lebend:) wild
   * ἄγροικος 2   (auf dem Lande woh-
     (οἶκος)   nend:) bäurisch, un-
             gebildet

o	† ἀγρυπνέω (ὕπνος)	(schlafe auf freiem Felde dh. wenig:) wache
●	ἄξιος	(d. andere Waagschale heraufführend = von entsprechendem Gewicht:) würdig, wert
	ἀνάξιος 2	unwürdig
●	ἀξιόω	1. erachte für würdig, wert 2. (halte für angemessen:) fordere [Fw Axiom]
10		(α copul. + δελφύς Mutterleib):
●	ἀδελφός, -ή	Bruder, Schwester
o	† φιλαδελφίᾱ	Bruderliebe
o 11	ᾄδω (< ἀείδω)	singe, besinge
o	ᾠδή	Gesang, Lied [Fw Ode]
12		(Wz aiw- Lebenskraft, Ewigkeit L: aevum D: ewig):
o	ἀεί (* αἰεί) (urspr. Lok.)	1. (linear:) immer 2. (punktuell:) jeweils
	† ἀΐδιος 2	ewig
●	ὁ αἰών, ῶνος	1. * Lebenszeit, † Weltzeit, Zeit (beiderseits begrenzt) 2. Ewigkeit (ohne Anfang bzw. Ende)
●	† αἰώνιος 2 u. 3	ewig
o 13	† ἀετός	Adler
o 14	ὁ ἀήρ, έρος	Luft [Fw Aëronautik]
15	* ἆθλον	Kampfpreis [Fw Athlet]
	* ἄθλιος	(voller Mühe:) elend, unglücklich
o 16	† αἰγιαλός	Strand
17	* ὁ Ἅιδης, † ᾅδης	Hades, Unterwelt
o		
18	ἡ αἰδώς, οῦς	sittliche Scheu, Scham
	* αἰδέομαί τινα DP	habe ehrfürchtige Scheu vor jmd.
19	* ὁ αἰθήρ, έρος	obere (strahlende) Luft, Äther
● 20	τὸ αἷμα	Blut [Fw Anämie]
21	† αἶνος	(bedeutsame Rede:) Lobpreis

●	(ἐπ-)αινέω	lobe
●	ἔπαινος	Lob
	παραινέω	rede zu, ermahne jmd.
	* τινί, † τινά	[Fw Paränese]
● 22	αἱρέω	nehme, greife, (er)fasse
	Aor. εἷλον, Inf. ἑλεῖν	
	αἱρέομαι	nehme mir, wähle;
	Aor. Inf. ἑλέσθαι	μᾶλλον ziehe vor
o	αἵρεσις	* 1. Wahl † 2. religiöse Richtung, Partei; Lehrmeinung [Fw Häresie = man wählt sich aus, was man glauben will]
●	ἀναιρέω	1. nehme auf; * (bei [Los]orakel:) antworte 2. beseitige, vernichte, töte
●	ἀφαιρέω (τινά τι) u. Med.	nehme (jmd. etwas) weg
	διαιρέω u. Med.	1. nehme auseinander, teile * 2. unter-, entscheide
●	† καθαιρέω	1. hole herunter 2. reiße nieder, vernichte
	προαιρέομαί τινά τινος	ziehe jmd. einem vor
● 23	αἴρω	1. hebe empor, auf
	Aor. ἦρα, Inf. ἆραι	† 2. nehme weg, beseitige
●	† ἐπαίρω	erhebe
24		(Wz awis(dh)- L: audīre):
	αἰσθάνομαι	1. nehme (sinnlich) wahr, empfinde
	Aor. ᾐσθόμην, Inf. αἰσθέσθαι	[Fw ästhetisch, An-ästhesie]
		2. bemerke (geistig)
	αἴσθησις, εως	1. Wahrnehmung 2. Sinn
	* ἐπαΐω	verstehe
o 25	αἰσχρός	1. häßlich 2. schändlich
	Kompar. αἰσχίων	
	* Superl. αἴσχιστος	

○	αἰσχύνομαι DP	1. schäme mich vor (τινά) † 2. Pass: werde zuschanden
*	~λέγων	sage voller Scham
	~λέγειν	schäme mich zu sagen = sage aus Scham nicht
○	αἰσχύνη	1. subj: Scham(gefühl) 2. obj: Schande, Schmach
●	† ἐπαισχύνο- μαι DP	schäme mich
●	† καταισχύνω	beschäme, mache zuschanden
● 26	αἰτέω τινά τι	fordere, bitte
●	παραιτέομαι	1. erbitte mir (* von τινά), † entschuldige (mich) † 2. verbitte mir, lehne ab
○ 27	αἴτιος	schuld(ig); Urheber Neutr.: Ursache, Grund [Fw Ätiologie]
●	αἰτίᾱ	Schuld, Ursache, Grund
	αἰτιάομαι	1. beschuldige * 2. gebe als Ursache an
● 28	† αἰχμάλωτος (ἁλίσκομαι)	Kriegsgefangener [αἰχμή Lanze]
29	(Wz ak- scharf, spitz L: aciēs, acer, medi-ocris D: Ecke):	
●	† ἄκανθα	Dorn(pflanze)
○	ἄκρος	spitz, äußerster, höchster [Fw Akropolis]
	ἀκροάομαι	höre (scharf zu)
	ἀκροᾱτής	(Zu)hörer
●	† ἀκροβυστίᾱ	Vorhaut, Unbeschnittenheit
●	ὀξύς	1. scharf 2. schnell
○	† τὸ ὄξος L: acētum	D: Essig
30	(α copul. + ἡ κέλευθος Weg):	
*	ἀκόλουθος 2	1. folgend; Begleiter 2. entsprechend; Konsequenz [Fw An-akoluth]

●	(ἐπ-, παρ-) ἀκολουθέω	folge
● 31	ἀκούω τινός u. τι Pf. ἀκ-ήκοα	höre [Fw Akustik]
	~ σου διαλεγο- μένου	h., wie du dich unterhältst
*	~ κακῶς ὑπό τινος	über mich wird von jmd. Schlechtes gesagt
●	ἀκοή	1. Hören, Gehör 2. Gehörtes, Kunde, † Predigt
●	ὑπακούω	höre auf jmd., gehorche
●	† ὑπακοή	Gehorsam
● 32	ἀκρῑβής	genau, sorgfältig [Fw Akribie]
33	ἀλγέω	empfinde Schmerz [τὸ ἄλγος, Fw Neuralgie]
○ 34	ἀλείφω	bestreiche, salbe
○	ἐξαλείφω	streiche aus, wische weg
35	ἁλίσκομαι Aor. ἑάλων, Inf. ἁλῶναι	1. werde gefangen * 2. werde überführt
	ἀν-ᾱλίσκω (ἀνᾱλόω)	wende auf, verbrauche
○ 36	ἅλλομαι L: saliō	springe [Fw Halma]
37	(aljos L: alius D: Elend = anderes, fremdes Land):	
●	ἄλλος, -η, -ο	ein anderer
	~* τινός, * ἤ, πλήν, ~ als παρά τινα	
●	ὁ ἄλλος	der andere, übrige
*	τἆλλα (Akk. = Adv.)	im übrigen
	λέγει ἄλλος ἄλλο (alius aliud dicit)	der eine sagt dies, der andere das
*	ἄλλα τε λέγει καὶ τάδε	er sagt unter anderm besonders folgendes
*	οἱ πολῖται καὶ οἱ ἄλλοι ξένοι	die Bürger und die (andern, nämlich die) Fremden
*	ἄλλο τι (ἤ) ...;	nōnne ...? ... nicht ..?
	ἄλλως	1. anders * 2. (um)sonst
*	ἄλλως τε ... καί	besonders, zumal

●	ἀλλά	1. aber; (nach Negation:) sondern 2. (bei Aufforderung:) so ... doch * 3. (vor Antworten:) ja bzw. nein 4. (nach Bedingungssatz:) so doch, wenigstens
	* ἀλλὰ γάρ	aber ... ja, indes
	ἀλλ' ἤ	(nach Negation:) außer
	* ἄλλοτε	ein andermal, sonst

	* ἄλλοθεν,
	    * -θι, * -σε
		anderswoher,
		    -wo, -wohin

	* ἄλλῃ	1. auf andere Weise 2. anderswo(hin)
●	ἀλλήλων κτλ.	einander [Fw *Parallele*]
	* ἀλλοῖος	andersartig
●	ἀλλότριος	fremd [Fw *Allotria*]
○	ἀλλάττω u. μεταλλάττω	(ver)ändere, (ver)tausche
	ἀπαλλάττω	entferne, befreie
	* ἀπαλλαγή	Trennung, Befreiung
	διαλλάττω u.	versöhne
○	†καταλλάσσω	
	† καταλλαγή	Versöhnung
38	ὁ ἅλς, ἁλός u.	L: *sāl* D: *Salz*, (Meer)
○	† τὸ ἅλας, ατος	
○	† ἁλιεύς	Fischer
● 39	† ἡ ἅλυσις, εως	Kette, Fessel
● 40	ἁμαρτάνω u. * δι-, * ἐξ- Aor. ἥμαρτον	* 1. verfehle (τινός Ggs. τυγχάνω) 2. begehe eine Verfehlung, † sündige
●	ἁμαρτίᾱ u.	* 1. Fehler
○	τὸ ἁμάρτημα	2. Verfehlung, † Sünde
●	† ἁμαρτωλός 2	sündig; Sünder
41	* ἀμείνων (Kompar.)	besser, tüchtiger
○ 42	† ἡ ἄμμος	Sand
43	† ἀμνός	Lamm [L: *agnus*]
● 44	ἡ ἄμπελος	Weinstock
●	† ὁ ἀμπελών, ῶνος	Weinberg
45	* ἀμΰνω	1. τινά: wehre ab 2. τινί: stehe bei

	ἀμΰνομαι	wehre von mir ab, wehre mich (* gegen τινά)
46	ἀμφί	(auf beiden Seiten)
	* Präp. b. Akk.	D: *um*
	Kompos.	* 1. nach beiden Seiten: ἀμφισβητέω 2. um ... herum: ἀμφιέννῡμι
●	* ἄμφω u. ἀμφότεροι	L: *ambō* D: *beide*
● 47	ἄν (Modalpartikel)	(unter Umständen, etwa)
	b. Ind. eines Nebentempus	1. Irrealis 2. (selten) Iterativ d. Vgght.
	b. Konj.	1. Eventualis; Iterativ d. Ggwt.; Verallgemeinerung 2. ὅπως ἄν: final
	b. Opt.	Potentialis d. Ggwt.; abgeschwächte Behauptung
	* b. Inf. u. Part.	potential od. irreal
● 48	ἀνά Präp. b. Akk.	(hin)auf
	* ~ λόγον	entsprechend
	† ~ μέσον τινός	mitten in etw.
	† ~ δύο	je zwei
	Kompos.	1. (hin)auf: ἀναβαίνω, ἀνίστημι 2. zurück: ἀναχωρέω 3. wieder: ἀναμιμνῄσκομαι 4. nur verstärkend: ἀναπαύομαι
●	ἄνω	oben; nach oben (Ggs. κάτω)
●	† ἐπάνω τινός	oben drüber, über
●	ἄνωθεν	von oben
● 49	ἀνάγκη	1. Zwang, Notwendigkeit † 2. Not
	~ (sc. ἐστίν)	man muß
○	ἀναγκαῖος 3 u. * 2	zwingend, nötig
●	ἀναγκάζω	zwinge
● 50	ἄνεμος L: *animus*	Wind
51	ἄνευ τινός	D: *ohne* etw.
● 52	ἀνήρ, ἀνδρός	Mann
	* ἀνδρεῖος	mannhaft, tapfer
	* ἀνδρείᾱ	Tapferkeit

	ἀνδράποδον	(Sache mit Menschenfüßen:) Sklave
● 53	ἄνθρωπος	Mensch; † auch = τις
○	ἀνθρώπινος u.	menschlich
	* ἀνθρώπειος	

54 (Wz ant- Vorderseite G: Lok. ἀντί, Akk. ἄντα gegenüber, ins Gesicht L: ante D: Ant-litz, Ant-wort, ent-gegen):

●	ἀντί	(angesichts, gegenüber; entsprechend)
	Präp. b. Gen.	(an)statt; für († auch = zugunsten)
	Kompos.	1. (ent)gegen: ἀντιλέγω 2. Vergeltung: ἀνταδικέω 3. Stellvertretung: † ἀνθύπατος Prokonsul
○	† (ἀπ-, κατ-) ἐναντί τινος	gegenüber, vor jmd.
○	ἐναντίος	entgegengesetzt; Gegner
○	ἐναντίον τινός	angesichts, vor jmd.
	τοὐναντίον(= Adv.)	im Gegenteil
	* ἐναντιόομαι DP	widersetze mich
○	ἀπ-αντάω	begegne
●	† ὑπ-,	begegne, gehe
○	† συναντάω	entgegen
●	† καταντάω	komme hin, gelange
○ 55	ἀπάτη	Täuschung, Betrug
○	(ἐξ-)ἀπατάω	täusche, betrüge
○ 56	† ἀπειλή	Drohung
57	ἀπλοῦς (α copul.)	einfach [L: simplus]
○	† ἡ ἁπλότης, τητος	Einfachheit, Schlichtheit
	διπλοῦς κτλ. L: duplus	zweifach usw.
● 58	ἀπό L: ab	D: ab, von
	Präp. b. Gen.	1. (Entfernung u. Abstand:) von, von ... weg 2. (Ausgangspunkt od. Herkunft:) von ... aus, von ... her
	Kompos.	1. ab, weg: ἄπειμι, ἀπαλλάττω 2. = Negation: ἀποδοκιμάζω 3. verstärkend: ἀποκτείνω, ἀποδείκνῡμι 4. Schuldiges hin bzw. zurück: ἀποδίδωμι

59	ἀπολαύω τινός	genieße
60	ἅπτω	1. hefte (an)
○		2. zünde an
●	ἅπτομαί τινος,	fasse an, berühre
	* ἐφάπτομαι	

61 (Wz ar- fügen L: armus, arma, artus, ars, ratio D: Arm, Art):

●	ἄρα	(füglich = wie zu erwarten:) also, natürlich, eben o. ä.
	ἀριστερός	linker (euphemistisch)
	* ἄριστος (Superl.)	bester [Fw Aristokratie]
	ἀρετή	(„Gutheit":) Vortrefflichkeit, Tüchtigkeit, Tugend; † v. Gott: Macht(erweisung)
●	ἀρέσκω	* 1. τινά befriedige 2. τινί gefalle, † bin gefällig
●	† εὐάρεστος 2	wohlgefällig
	ἁρμόττω (ἁρμόζω)	1. tr: füge (zusammen) * 2. intr: passe
	* ἁρμονίᾱ	(Fügung:) Einklang, Harmonie
●	ἄρτι	1. soeben † 2. jetzt
●	† καταρτίζω	bringe zurecht, bereite, schaffe
●	ἀριθμός	Zahl
	ἀριθμέω	zähle [Fw Arithmetik]
62	† ἡ ἀρά	(Gebet), Fluch
○	† κατάρᾱ	Fluch, Verwünschung
	† καταράομαι	verfluche

63 (Wz arg- weißglänzend L: arguere eig. klarmachen, argentum):

○	ἄργυρος	Silber
	ἀργυροῦς	silbern
	ἀργύριον	Silber(münze), Geld
	* ἐναργής	klar, deutlich
● 64	ἀρκέω	1. (wehre ab L: arceō) † ἐπ- helfe 2. genüge; † Pass: begnüge mich mit (τινί) [Fw Autarkie]
	* ἐξαρκέω	genüge
● 65	ἀρνέομαι * DP	(sage nein:) 1. lehne ab
○	u. ἀπ-, * ἐξ-	2. leugne, verleugne

● 66	† ἀρνίον	Lamm
● 67	ἁρπάζω	raube, entferne gewaltsam
○	† ἅρπαξ, αγος	räuberisch; Räuber
68	ἄρρην, ενος	männlich
●	(† ἄρσην)	
● 69	† ἄρτος	Brot
● 70	ἄρχω τινός	(bin der erste:)
		* 1. temporal: fange an mit
		2. graduell: beherrsche, herrsche über
		[Fw Monarch Lw Erz-bischof]
●	ἄρχομαι	1. Med: fange an (mit ἀπό τινος)
		2. Pass: werde beherrscht
●	ἀρχή	1. Anfang
		2. Herrschaft, Amt, Behörde
○	† ἀπαρχή	Erstlingsgabe (beim Opfer)
●	ἀρχαῖος	alt (dh. in früherer Zeit) [Fw Archäologie]
●	ὑπάρχω	bin vorhanden, stehe zur Verfügung; † = εἰμί bin
●	† ἀρχιερεύς	Ober-, Hohepriester
○	† ἀρχισυνάγωγος	Synagogenvorsteher
● 71	† ἀσέλγεια	Zügellosigkeit, Ausschweifung
72	ἀσκέω	übe [Fw Askese]
● 73	ἀσπάζομαι	1. (be)grüße
		* 2. habe lieb
●	† ἀσπασμός	Gruß
● 74	† ὁ ἀστήρ, έρος	D: Stern [Fw Aster]
	ἄστρον (meist Plur.)	Gestirn [Fw Astronomie]
●	† ἀστραπή (<ἀστεροπή)	(Sternauge:) Blitz
75	* τὸ ἄστυ, εως	Stadt
	ἀστεῖος = urbānus	(städtisch:) gebildet, fein
76	* αὖ L: aut, autem	1. (adversativ) andrerseits: meiner-, deinerseits usw.

		2. (selten) = αὖθις
	* αὖθις	wieder(um)
	* εἰς αὖθις	ein andermal
○ 77	αὐλέω	blase Flöte (αὐλός)
● 78	αὐλή	Hof [Fw Aula]
● 79	αὔξω, αὐξάνω L: augeō	1. tr: vermehre, lasse wachsen; Pass: wachse
		† 2. intr. = Pass: wachse
80	(L: aurōra D: Osten):	
●	αὔριον	morgen
●	† τῇ ἐπαύριον (sc. ἡμέρᾳ)	am nächsten Tag
● 81	αὐτός, -ή, -ό	1. (bei Beziehung auf Subst., subst. Pron. od. Verbalperson des Prädikats:) selbst = ipse
,		2. (in den obliquen Kasus ohne diese Beziehung:) anaphorisches Pers.-Pron. 3. Pers. = eius etc.;
		† Nom. „er" (betont)
●	αὐτὸ τοῦτο, τοῦτ᾽ αὐτό καὶ αὐτός	gerade dies, eben dies = hoc ipsum ebenfalls = et ipse
●	ὁ αὐτός (τινι, * καί)	derselbe (wie) = ĭdem (ac)
	* ταὐτό(ν), ταὐτά	dasselbe [Fw Tautologie]
●	ὡσαύτως	ebenso
	αὐτοῦ	an Ort und Stelle, dort, hier
	* αὐτόθεν, * -θι, * -σε	von dort, dort, dorthin
	αὐτίκα	sogleich
○	† ἐξαυτῆς (sc. τῆς ὁδοῦ)	sofort, alsbald
82	* ἄχθομαί τινι DP	(bin beladen:) bin bedrückt, unwillig über

B

○ 83	βαθύς	tief
○	τὸ βάθος	Tiefe
84	(Wz βη-, βα- L: veniō):	
●	βαίνω Aor. ἔβην	gehe
	* βαδίζω	schreite, gehe

●	βιβάζω	(kausativ:) mache gehen, bringe o. ä.
●	ἀναβαίνω	1. gehe, steige hinauf * 2. (steige auf die Rednerbühne:) trete auf
	ἀπο-, ἐκβαίνω	1. gehe weg 2. es geht aus (in etwas), kommt dabei heraus
●	† μεταβαίνω	gehe über, übersiedle [vgl. in der Logik: μετάβασις εἰς ἄλλο γένος]
○	παραβαίνω	übertrete
○	† παράβασις	Übertretung
●	πρόβατον	(das Vorwärtsschreitende = die bewegliche Habe:) Schaf
○	συμβαίνει	1. es ereignet sich, passiert * 2. es ergibt sich (als Resultat)
●	† τὸ βῆμα	Tritt: 1. Schritt 2. Rednerbühne, Richterstuhl
	* ἀμφισβητέω	(gehe nach zwei Seiten auseinander:) (be)streite, behaupte dagegen
○	βέβαιος (redupl.)	fest, sicher
●	βεβαιόω	mache fest
○	† βέβηλος 2	(betretbar:) profan, unheilig
85		(Wz *gwel*-: βολ-, βαλ-, βλη-):
●	βάλλω	werfe
	Aor. ἔβαλον	[Fw *Ballistik*]
○	ἀποβάλλω	1. werfe ab, fort; verwerfe 2. verliere
	διαβάλλω	* 1. bringe auseinander, entzweie 2. verleumde
●	† διάβολος 2	verleumderisch; Widersacher, *Teufel*
	* διαβολή	Verleumdung
●	ἐκβάλλω	1. werfe hinaus, vertreibe † 2. sende aus, bringe hinaus bzw. heraus
●	† καταβολή	Grundlegung

	μεταβάλλω	1. tr: wende um, verändere * 2. intr: verändere mich
●	† παραβολή	1. (Synopt.) Gleichnis, *Parabel*, Rätselwort 2. (Hebräerbrief) Gegenbild, Sinnbild
●	† παρεμβολή	Lager, Kaserne; Heer
●	† περιβάλλω	lege herum: ziehe an, bekleide
○	συμβάλλω	bringe zusammen [Fw *Symbol*]: 1. überlege; intr: treffe zusammen (mit τινί) 2. Med: trage bei, helfe
○	ὑπερβάλλω	gehe über das Maß hinaus, übertreffe
○	† ὑπερβολή	Übermaß
○ 86	βάπτω	tauche ein
●	† βαπτίζω	tauche unter, taufe
●	† βαπτιστής	Täufer
●	† τὸ βάπτισμα	Taufe
87		(Schallwort wie L: *balbus* stammelnd, von unverständlicher Sprache D: *babbeln*):
○	βάρβαρος 2	nichtgriechisch [Fw *Barbar*]
○ 88	βαρύς	schwer [Fw *Barometer*]
○	τὸ βάρος	Schwere, Last
	βαρύνω u.	beschwere
●	† βαρέω	
89	ἡ βάσανος	* 1. Prüfstein
	(Lw)	† 2. Marter, Qual
●	βασανίζω	* 1. prüfe † 2. quäle, bedränge
● 90	βασιλεύς (Fw)	König
●	βασιλεύω τινός	bin König, herrsche über
●	ἡ βασιλείᾱ	Königsherrschaft, Königtum
	βασίλειος u.	königlich [Fw *Basel*,
○	βασιλικός	*Basilika*]
● 91	† βαστάζω	trage
○ 92	† ὁ, ἡ βάτος	Dornstrauch
○ 93	† τὸ βδέλυγμα	Greuel [βδελύσσεσθαι verabscheuen]

94	βελτίων (Kompar.) besser * Superl. βέλτιστος	o	βοηθέω (θέω) (eile auf Notruf herbei:) helfe
95	βίᾱ Gewalt		βοήθεια Hilfe
	βίαιος gewalttätig, gewalt-sam	o 102	† βόσκω weide
o	βιάζομαι wende Gewalt an, (er)zwinge	103	(eig. „sich im Geist auf etw. werfen" vgl. βάλλω):
● 96	ἡ βίβλος Papyrus, Buch	●	βούλομαι DP will (selbst, bewußt, Aor. ἐβουλήθην spontan)
●	βιβλίον Buch (Pl. = Fw Bibel)	*	ὁ βουλόμενος jeder beliebige
97	(Wz gw(i)jē-, gw(i)jō- leben L: vīvere D: quick-lebendig, Queck-silber, er-quicken):	●	βουλή 1. Wille, Entschluß 2. Beratung, Rat
o	βίος (individuelles) Leben [Fw Biographie]: 1. Lebensweise, -zeit 2. Lebensunterhalt, Vermögen	o	βουλεύομαι berate mich, überlege; Aor: beschließen
		*	ἐπιβουλεύω (plane in Richtung auf:) stelle nach
	βιόω lebe Aor. ἐβίων, auch ἐβίωσα		συμβουλεύω rate συμβουλεύομαί berate mich mit jmd., τινι frage jmd. um Rat; Aor: gemeinsam be-schließen
●	ζήω lebe (ζη- <gwjē-)		
●	ζωή (physische Lebendigkeit, eigentliches) Leben	o	† συμβούλιον Beschluß, Ratsver- = consilium sammlung
●	ζῷον 1. Lebewesen 2. Tier [Fw Zoologie]	o 104	βοῦς, βοός Rind [L: bōs D: Kuh]
●	† ζῳοποιέω mache lebendig	o 105	βραδύς langsam, träge
●	ὑγιής (wohllebend:) gesund, (< su-gwijēs) unversehrt	o 106	βραχύς 1. kurz 2. wenig
		o 107	† τὸ βρέφος Leibesfrucht, Säug-ling
*	ἡ ὑγίεια Gesundheit	o 108	† βρέχω benetze
*	ὑγιεινός gesund, heilsam [Fw Hygiene]	● 109	† βροντή Donner [βρέμειν D: brummen]
●	ὑγιαίνω bin gesund, befinde mich wohl	o 110	† βρυγμὸς τῶν Zähneknirschen, ὀδόντων -klappern
98	βλάπτω schädige	111	(βορά Fraß, βιβρώσκειν verzehren L: vorāre):
*	βλάβη Schaden	●	† τὸ βρῶμα Speise
	βλαβερός schädlich	●	† ἡ βρῶσις, εως 1. Essen, Verzehren 2. Speise
● 99	† βλασφημέω verleumde, lästere (φήμη)		
●	† βλασφημίᾱ Verleumdung, Lästerung	**Γ**	
● 100	βλέπω blicke, sehe	o 112	τὸ γάλα, Milch [L: lac, lactis] γάλακτος
●	ἀναβλέπω 1. blicke auf, empor 2. Aor: wieder sehen können	● 113	γαμέω heirate 1. Akt. τινά (vom Mann, † auch v. d. Frau)
	ἀποβλέπω blicke hin		2. Med. († DP) τινί (von der Frau)
● 101	βοάω schreie, rufe		

●	γάμος	1. Hochzeit 2. Ehe
○	† γαμίζω	verheirate, gebe in die Ehe
● 114	γάρ (< γε + ἄρα)	1. begründend: denn 2. erklärend: nämlich 3. zustimmend: gewiß doch 4. in Parenthesen: nicht übersetzt
○ 115	† ἡ γαστήρ, γαστρός	Bauch: (Magen), Mutterleib
● 116	γε enkl.	hebt das vorausgehende Wort hervor
● 117	† ἡ γέεννα (hebr. Fw)	Hölle
118	γελάω ὁ γέλως, ωτος * γελοῖος καταγελάω τινός	lache Gelächter (aus Freude oder Spott) lächerlich verlache jmd.
● 119	γέμω τινός	bin voll von
○	† γεμίζω τινός	fülle an mit
120	γέρων, οντος τὸ γῆρας, ως († ους) γηράσκω	Greis Greisenalter altere
● 121	γεύομαί τινος, † auch τι	L: gustō D: koste, lerne kennen
● 122	γῆ	Erde [Fw Geographie]
○	† ἐπίγειος 2	(auf der Erde befindlich:) irdisch
●	γεωργός (ἔργον)	(Landbearbeiter:) Bauer [Fw Georg]
123	(Wz γεν-/γον-, γν-, γνη- L: gignere, genus, gens, (g)nātus, nātura D: Kind):	
●	γίγνομαι († γίνομαι) Aor. ἐγενόμην, † auch ἐγενήθην	1. werde, entstehe, geschehe; † auch = εἰμί 2. (mit Ortsbestimmung auf die Frage Wo?) komme wohin
●	τὸ γένος [L: genus] εὐγενής	1. Geschlecht, (vornehme) Abstammung 2. Gattung, Art edel (geboren) [Fw Eugen]

●	συγγενής	verwandt
	† Dat. Pl.-νεῦσιν	
	συγγένεια	Verwandtschaft
○	γένεσις, εως	Werden, Entstehen
●	† γενεά	Geschlecht, Sipp- schaft, Generation [Fw Genealogie]
○	γνήσιος	vollbürtig, echt
●	γονεύς	Erzeuger; Pl: Eltern
	ἔκγονος 2	1. Adj: abstammend von 2. Subst: Nachkomme
	πρόγονος	Vorfahr
	διαγί(γ)νομαι	* 1. daure, behaupte mich (δ. ζητῶν unter- suche dauernd) † 2. (von der Zeit:) ver- streiche
●	παραγί(γ)νομαι	komme dazu
	* περιγίγνομαί τινος	werde jmd. über- legen
	* συγγίγνομαί τινι	komme mit jmd. zusammen
●	γεννάω	(er)zeuge, gebäre
	* γενναῖος	(von guter Abstammung [γέννα]:) edel, tüchtig
124	(Wz γνω- γνο- L: (g)nōscere, (g)nōtus, ī̆gnō- rāre D: kennen, Kunde, können, Kunst):	
●	γιγνώσκω († γῑνώσκω) Aor. ἔγνων	1. erkenne, lerne kennen 2. kenne † 3. erkenne an
●	γνωστός	1. erkennbar † 2. bekannt
●	ἡ γνῶσις u.	Erkenntnis
●	† ἐπίγνωσις	
○	γνώμη	(durch Erkennen gewon- nene) Meinung, An- sicht; † Einverständ- nis, Entschluß
●	ἀναγι(γ)νώσκω	(erkenne wieder:) lese (vor)
●	† ἐπιγῑνώσκω	erkenne genau, wie- der, an
	καταγι(γ)νώσκω	* 1. bemerke (etwas Nachteiliges) an jmd. (τινός) 2. verurteile jmd. zu etw. (τινός τι)

	* συγγιγνώσκω	verzeihe
	συγγνώμη	* Verzeihung; † Nachsicht
●	† γνωρίζω	1. (er)kenne 2. mache bekannt
●	ἀγνοέω	kenne nicht, weiß nicht
	ἄγνοια	Unkenntnis, Unwissenheit
125	γλυκύς	süß [Fw Glyzerin]
126	* γλῶττα	1. Zunge
●	(† γλῶσσα)	2. Sprache [Fw Glosse, Polyglotte]
● 127	† γογγύζω	murre
● 128	τὸ γόνυ, ατος	L: genū D: Knie
○	γωνία	Winkel, Ecke [Fw Diagonale]
129		(Wz gerbh- D: kerben):
●	γράφω	(ritze ein:) schreibe, * male [Fw Graphik]
	* γράφομαι	klage (schriftlich) an wegen (τινός)
●	γραφή	Schrift; * Anklageschrift
	τὸ γράμμα	Buchstabe; meist Plur: 1. Schrift(stück) 2. Elementarunterricht, * Wissenschaft
●	† γραμματεύς	(* Schreiber:) Schriftgelehrter
●	† ἐπιγράφω	schreibe darauf [Fw Epigramm]
	* συγγράφω	schreibe in Prosa auf, verfasse
● 130	γυμνός	nackt, entblößt von (τινός)
○	γυμνάζω	übe (eig. nackt) [Fw Gymnastik, Gymnasium]
● 131	γυνή, γυναικός	Weib, Frau [Fw Gynäkologie]

Δ

132	(Wz dā(i)- teilen G: δαίεσθαι (ver)teilen; erw. δημ-):	
	ὁ δαίμων, ονος	(Zuteiler des Schicksals:) Gottheit, † Dämon

	* δαιμόνιος	(zu einem Daimon gehörig:) 1. übermenschlich, wunderbar 2. wunderlich
●	δαιμόνιον	* 1. das Göttliche, göttliche Stimme † 2. Dämon
●	† δαιμονίζομαι	bin besessen (von einem Dämon)
	* εὐδαίμων	1. glücklich 2. wohlhabend
	* εὐδαιμονέω	bin glücklich
	* εὐδαιμονία	Glück
	* εὐδαιμονίζω	preise glücklich (wegen τινός)
	δῆμος	(Abteilung, Teil:) * 1. Gemeinde 2. Volk [Fw Demokratie]
	δημόσιος	öffentlich
	δημοσίᾳ (Ggs. ἰδίᾳ)	öffentlich, * von Staats wegen
	δημιουργός (ἔργον)	Handwerker
○	ἀπο-, † ἐκδημέω	1. bin in der Fremde 2. verreise
	† ἐνδημέω	bin daheim [Fw endemisch]
○	ἐπιδημέω	halte mich wo auf; * Aor: zu Besuch kommen [Fw Epidemie]
● 133	δάκρυον	D: Zähre, Träne L: dacruma > lacrima
	δακρύω	weine; Aor: in Tränen ausbrechen
○ 134	δάκτυλος	Finger
○ 135	† δαν(ε)ίζω	leihe (Geld)
○ 136	δαπανάω	wende auf
● 137	δέ	bezeichnet, daß etwas Anderes, Neues kommt: aber (unbetont, oft unübersetzt)
138		(Wz dwei- fürchten L: dīrus):
	(δείδω)	fürchte
	* Aor. ἔδεισα	geriet in Furcht

<table>
</table>

	* Pf. δέδοικα/	bin in Furcht,
	δέδια	fürchte
	τὸ δέος	Furcht
o	δειλός	furchtsam, feige
	δεινός	furchtbar, gewaltig, tüchtig

139 (Wz deik-, dik- Richtung weisen, zeigen L: dīcere; iūdex Richter = der das Recht weist D: zeigen, zeihen):

o	δείκνῡμι (-νύω)	D: zeige
	ἀποδείκνῡμι	weise auf, erweise, lege dar
●	ἐνδείκνυμαι	zeige, er-, beweise
	ἀπό-, ἔνδειξις	Darlegung, Beweis
o	ἐπι-, † ὑπο- δείκνῡμι	zeige, lege dar
	τὸ παρά-,	Beispiel
o	† ὑπόδειγμα	
	δίκη	(Weisung:)
		* 1. Recht
		* 2. Rechtssache, Prozeß
		3. Rechtsspruch, Strafe
	* δίκην δίδωμι	zahle Strafe = werde bestraft
	* δικάζω	fälle Rechtsspruch, richte
o	† καταδικάζω	verurteile
	δικαστής	Richter
	* δικαστήριον	Gericht(shof)
●	δίκαιος	1. gerecht
		* 2. mit Inf: berechtigt zu tun
●	δικαιοσύνη	Gerechtigkeit
●	† δικαιόω	(* halte für recht u. billig:) rechtfertige
●	† τὸ δικαίωμα	Rechtssatzung, Rechttat
●	ἄδικος 2	ungerecht
●	ἀδικέω τινά	tue jmd. Unrecht
●	ἀδικίᾱ	Ungerechtigkeit, Unrecht
o	† ἀντίδικος	Prozeßgegner
o	† ἐκδικέω	verschaffe Recht, räche, bestrafe
o	† ἐκδίκησις	Rache, Bestrafung
●	140 δεῖπνον	(Haupt)mahlzeit, Gastmahl

	δειπνέω	speise
●	141 δέκα L: decem	D: zehn
●	δέκατος	zehnter
●	142 δένδρον	Baum [Fw Rhododendron]
●	143 δέρω	* 1. häute ab, schinde † 2. prügele
	τὸ δέρμα	(abgezogene) Haut, Fell [Fw Dermatologe]
o	† δρέπανον	Sichel

144 (Wz dem- bauen G: δέμειν vgl. οἰκοδομέω L: domus + Wz pot- L: potis, potῆ̓):

●	δεσπότης	(Haus)herr, Herrscher [Fw Despot]
o	† τὸ δῶμα	(Haus:) Dach
	* ἔνδον (ἐν + dom)	(im Hause:) drinnen
o 145	δεῦρο,	1. hierher
●	† Pl. δεῦτε	2. auf! wohlan!

146 (Wz dek- an-, aufnehmen L: decet es ist annehmbar = ziemt, docēre aufnehmen lassen = lehren, dexter):

●	δέχομαι	nehme auf, an;
o	u. ἀπο-, παρα-	* δ. μᾶλλον ziehe vor
o	† δεκτός	angenehm, willkommen
o	† ἐκ-, † ἀπεκδέχομαι	(er)warte
●	† προσδέχομαι	1. nehme auf, an 2. nur Präs./Impf: (er)warte
●	προσδοκάω	erwarte
●	δοκέω	1. tr: (nehme an =) meine 2. intr: (man nimmt von mir an =) scheine
	δοκεῖ μοι	(es ist mir annehmbar:) es scheint mir gut
	Aor. ἔδοξέ μοι	ich beschloß
o	τὸ δόγμα	(beschlossene) Meinung; † Anordnung
●	δόξα	* 1. Meinung * 2. Schein; Ruf, Ruhm † 3. (= hebr. kābōd in Erscheinung tretendes Gewicht:) Ehre, Glanz, Herrlichkeit o.ä.

●	δοξάζω	* 1. meine, vermute
		† 2. verherrliche, prei-
		se
●	† εὐδοκέω	habe Wohlgefallen an;
		Aor. auch: (unbeein-
		flußt) beschließen
○	† συνευδοκέω	stimme bei, zu
○	† εὐδοκίᾱ	guter Wille; (gött-
		liches) Wohlgefallen
○	† δόκιμος 2	(durch Prüfung) be-
		währt; anerkannt
○	† ἀδόκιμος 2	unbewährt
	* εὐδόκιμος 2	angesehen
●	δοκιμάζω	1. prüfe
		2. nehme als erprobt
		an
○	† ἀποδοκιμάζω	verwerfe
○	† δοκιμή	Bewährung
●	δεξιός	rechter
●	ἡ δεξιᾱ́ (χείρ)	die rechte Hand
●	† ἐκ δεξιῶν τινος	zur Rechten jmds.
147	* δέω (I)(< δεϜω)	ermangele πολλοῦ m.
		Inf. = bin weit davon
		entfernt, zu
●	δεῖ m. Inf.	(es ist nötig:) man muß;
		neg: man darf nicht
	* δεῖ μοί τινος	habe etw. nötig, brauche
●	δέομαι DP	* 1. bedarf (τινός),
	Aor. ἐδεήθην	† προσδέομαι
		2. bitte jmd. um etwas
		(τινός τι)
●	δέησις	Bitte, Gebet
	ἐνδεής	bedürftig, * mangelhaft
●	δεύτερος	(nachstehend:) zweiter
● 148	δέω (II)	binde, fessele
●	δεσμός	Band, Fessel
	(Pl. † auch δεσμά)	
●	† δέσμιος	Gefangener
	δεσμωτήριον	Gefängnis
	τὸ ὑπόδημα	(Untergebundenes:)
		Sandale
○ 149	δή	in der Tat
	(* verst. δῆτα)	1. bekanntlich, ja;
		* folgernd: also
		2. in der Aufforderung:
		doch
		* 3. in der Frage: denn

		* 4. zeitlich: schon
	* πολλοὶ δή	schon viele
	* νῦν δή (νῡνδή)	soeben
●	ἤδη (< ἤ + δή)	schon; nunmehr
	δήπου	doch wohl
○ 150	δῆλος u. * ἐν-,	(sichtbar:) offenbar,
	κατάδηλος 2	deutlich, klar
	δῆλον ὅτι	offenbar
	(= Adv.)	
○	δηλόω	mache offenbar, klar,
		tue kund
	ἄδηλος 2	undeutlich, unklar,
		ungewiß
151	(urspr. entzwei, auseinander vgl. δίς, L: dis-;	
	> durch, vgl. entzweischneiden =	
	durchschneiden):	
●	διά	
	Präp. b. Gen.	1. durch
		2. (seltener:) im Abstand
		von
	b. Akk.	1. durch Einwirkung von
		2. (bes. b. Pron.) wegen
	Kompos.	1. (= lat. dis-) auseinan-
		der: διαιρέω
		2. (wie lat. per-) durch:
		διέρχομαι
●	διό (< δι'ὅ)	rel. Anschluß: deswe-
		gen, daher
●	διότι	1. kausal: = ὅτι weil
		* 2. indir. Frage: wes-
		halb
		† 3. auch = διό
152	* δίαιτα	1. Leben(sweise)
		[Fw Diät]
		2. Lebensunterhalt
153	(Wz ken- sich mühen, eifrig streben G:	
	ἐγκονεῖν eilen, sich auf etw. verlegen L:	
	cōnārī):	
●	διᾱ́κονος	Diener, † Diakon
●	διᾱκονέω	(be)diene, warte auf
●	† διᾱκονίᾱ	Dienst
● 154	διδάσκω	lehre
		[Fw Didaktik]
●	διδάσκαλος	Lehrer
●	διδαχή u.	Unterricht, Lehre
	† διδασκαλίᾱ	
155	(Wz drem-, drā- laufen):	

* ἀπο-διδράσκω   entlaufe jmd.
   τινά
   Aor. ἀπ-έδρᾶν
●   Aor. δραμεῖν   laufen
   Ind. ἔδραμον
○   δρόμος   1. Lauf
    * 2. Rennbahn
156   (Wz δω-, δο- L: *dare, dōs, dōnum*):
●   δίδωμι   gebe
   Aor. ἔδωκα
   ἡ δόσις, εως   1. Geben 2. Gabe
●   ἀποδίδωμι   gebe (Schuldiges)
   (= reddō)   hin bzw. zurück, be-
    zahle, † vergelte (=
    ἀνταπο-)
   ἀποδίδομαι   (gebe von mir aus hin =)
    verkaufe
●   ἐπιδίδωμι   † 1. tr: gebe hin
    * 2. intr: nehme zu,
    mache Fortschritte
○   μεταδίδωμί   gebe Anteil, lasse
    * τινος u.   teilnehmen an
    † τι
●   παραδίδωμι   1. übergebe, überlasse
    † 2. überliefere
●   † παράδοσις, εως   Überlieferung, Tradi-
    tion
   προδίδωμι   * 1. gebe preis, verrate
    † 2. Aor: vorher gege-
    ben haben
   προδότης   Verräter
●   δῶρον u.   Gabe, Geschenk
●   δωρεά   [Fw *Isidor, Dorothea*]
○   † δωρεάν   geschenkweise,
   (= Adv.)   umsonst
○   δωρέομαι   schenke
● 157   † δίκτυον   Netz
● 158   διψάω (* διψήω)   dürste
● 159   διώκω   1. verfolge, trachte
    nach
    * 2. (Gerichtssprache)
    verklage
●   † διωγμός   Verfolgung
● 160   δόλος L: Lw *dolus*   List, Betrug
● 161   δοῦλος   1. Subst: Sklave,
    Knecht

    2. Adj: sklavisch,
    knechtisch
●   δουλεύω   bin Sklave, diene
○   δουλείᾶ   Sklaverei, Knecht-
    schaft
○   (κατα-)δουλόω   mache zum Sklaven,
    knechte
● 162   † ὁ δράκων,   D: *Drache*, Schlange
    οντος
163   * δράω   tue, mache, handle
    [Fw *Drama*]
● 164   δύναμαι DP   kann, vermag
●   δυνατός   1. fähig, mächtig
    2. Neutr: möglich
●   ἀδύνατος 2   1. unfähig
    2. Neutr: unmöglich
●   δύναμις, εως   Fähigkeit, Kraft,
    Macht [Fw *Dynamo*]
○   † (ἐν)δυναμόω   mache stark
○   δυνάστης   Machthaber, Herr-
    scher [Fw *Dynastie*]
165   (Wz *d(u)wo, dwi*):
●   δύο L: *duo*   D: *zwei*
   Gen.* δυοῖν, † δύο
   Dat. * δυοῖν,
    † δυσί(ν)
●   δώδεκα (< δϜω-)   zwölf
●   δίς L: *bis*   zweimal
○   διᾱκόσιοι   zweihundert
   δίχα (Adv.)   entzwei
   * διττός   zweifach, doppelt
    [Fw *Dittographie*]
166   * δύομαι u.   intr: tauche
    † δύνω   ein, versinke
   Aor. * ἔδῡν,
    † ἔδῡσα
○   † αἱ δυσμαί   (Untergang der Sonne:)
    der Westen
   ἀπο-, † ἐκδύω   tr: ziehe jmd.
    τινά τι   etwas aus
   ἀπο-, † ἐκδύομαι   intr: ziehe mich
   Aor. * ἀπέδῡν,   aus
    † ἐξεδῡσάμην
○   † ἐνδύω   tr: ziehe an
●   ἐνδύομαι   1. tr: ziehe mir
   Aor.   etwas an
   † ἐνεδῡσάμην   * 2. intr: tauche hinein,
   * ἐνέδῡν   dringe ein

○ † τὸ ἔνδυμα   Kleid

E

167   * Akk. ἕ L: *sē*   indir. Reflexivpron.
    * Gen. οὗ   3. Pers. Sing.
    * Dat. οἷ, οἱ   * Plur. σφῶν, σφίσι,
      (enkl.)   σφᾶς

●   ἑαυτοῦ, -ῆς etc.   direktes Reflexivpron.
    * auch αὑτοῦ   3. Pers.; † Plur. auch 1.
      etc.   u. 2. Pers.

● 168 ἐάω (< σεϜα-)   lasse: 1. lasse zu
    Impf. εἴων   2. lasse beiseite
    Aor. εἴασα

● 169 ἐγγύς τινος   nahe bei
    * Kompar.
      ἐγγυτέρω
    * Superl.
      ἐγγύτατα (-τω)

●   † ἐγγίζω   nähere mich

● 170 ἐγείρω   tr: wecke, erwecke;
                † richte auf

●   † ἔγειρε   intr: steh auf!

●   ἐγείρομαι († DP)   intr: werde wach;
    * Aor. ἠγρόμην   † stehe auf
    † Aor. ἠγέρθην
    * ἐγρήγορα =   bin wach
●   † γρηγορέω   [Fw *Gregor*]

● 171 ἐγώ L: *egō*   D: *ich*
    ἐμοῦ, ἐμοί, ἐμέ
    enkl. μου, μοι, με

●   ἐμός L: *meus*   D: *mein*

172 (Wz *sed*- sitzen L: *sedēre, sĭdere* < *si-sd*-
        D: *setzen, sitzen*):

●   Wz ἑδ-   *sitzen*
○   καθέζομαι   1. setze mich
             2. sitze

●   καθίζω   1. tr: lasse sitzen, setze
          2. intr: setze mich
          (* auch Med.)

●   ἕδρα   Sitz [Fw *Kathedrale* =
          Kirche m. Bischofssitz]

●   † συνέδριον   (Versammlung:) Hoher
          Rat

173 (Wz *ed*- L: *edere* D: *essen*):

    * Fut. ἔδομαι   werde essen

●   ἐσθίω, † ἔσθω   esse
○   † κατεσθίω   (fr)esse auf, verzehre
●   ὁ ὀδούς, όντος   (der Essende:) Zahn
○   ὀδύνη   Schmerz
●   † νηστεύω   (esse nicht:) faste
    (Neg. *ne* + *ed*-)
○   † νηστεία   Fasten

● 174 ἐθέλω u. θέλω   will, bin bereit
●   † τὸ θέλημα   Wille

● 175 τὸ ἔθνος   Volk, * Klasse;
             † Pl: Heiden
               [Fw *Ethnographie*]

○   † ἐθνικός   heidnisch

● 176 τὸ ἔθος   D: *Sitte*, Gewohn-
    (< σϜεθ-)   heit [L: *suēscere*]
    ἐθίζω   tr: gewöhne
    Perf. Pass.
    εἴθισμαι
    Perf. εἴωθα   intr: bin ge-
    (< σε-σϜωθ-α)   wohnt, pflege
    τὸ ἦθος   1. Sitte, Gewohnheit
             * 2. Gesinnung, Cha-
             rakter [Fw *Ethik*]

● 177 εἰ prokl.   1. bedingend: wenn
             2. indir. Frage: ob
             († auch direkt fragend)

●   εἴτε...εἴτε   1. („wenn“:) sei es, daß
             ... oder daß
             * 2. („ob“:) ob ... oder

●   ἐάν, ἄν, * ἤν   1. wenn
    b. Konj.   * 2. (selten) ob
    (< εἰ + ἄν)

●   † ἐάν nach Re-   = ἄν
    lativpron.
    * εἴθε, * εἰ γάρ   (Wunsch:) wenn doch!

178 (Wz *weid*-, *wid*- sehen L: *vidēre* D: *wissen,*
           weise):

●   Aor. εἶδον, † εἶδα   erblickte, sah
    (< ἐϜιδον)
    Inf. ἰδεῖν

●   † ἴδε, ἰδού   sieh!
●   Perf. οἶδα   1. weiß, kenne
    Inf. εἰδέναι   2. verstehe
    * Fut. εἴσομαι

○   τὸ εἶδος u.   1. (geschaute) Ge-
    * ἡ ἰδέα   stalt, Aussehen; Art

    * 2. Urbild, *Idee*
    † 3. εἶδος: Schauen?

● εἴδωλον   * 1. Bild
    † 2. Götze [Fw *Idol*]
σύνοιδα   1. bin Mitwisser
    2. (ἐμαυτῷ) bin mir bewußt

● † συνείδησις   1. Bewußtsein
  (= conscientia)   2. Gewissen

179   * εἶέν   so seis! nun gut!
  (Interjektion)   genug davon!

● 180   εἴκοσι   zwanzig

181   εἴκω u. ὑπ-   D: *weiche*, gebe nach

○ 182   εἰλικρινής   rein, lauter

183   (Wz *es*- sein L: *esse*):

● εἰμί   bin
  Inf. εἶναι

● ἐστι   1. es gibt
    2. es ist möglich

● Part. ὤν (ὄντος),   seiend
οὖσα, ὄν   [Fw *Ontologie*]
* τῷ ὄντι   in der Tat, wirklich

● ὄντως (Adv.)   in Wahrheit, wirklich

● ἡ οὐσίᾱ   * 1. Wesen, Sein
    2. Vermögen

● ἔξεστι   es ist möglich, erlaubt
● ἐξουσίᾱ   1. Möglichkeit, Berechtigung, Freiheit (etw. zu tun)
    † 2. Macht, Gewalt

* μέτεστί μοί   habe Anteil an
τινος   etw.

● πάρειμι   bin anwesend, gegenwärtig

● παρουσίᾱ   1. Anwesenheit, Gegenwart
    † 2. (Eintritt der Anwesenheit:) Ankunft
    [Fw *Parusie*]

184   (Wz εἰ-, ἰ- L: *eō, īre*):

● εἶμι   werde gehen
  Inf. ἰέναι

185   (Wz *wequ*- sprechen G: redupl. Aor. *we-wqu- > ϝευπ- > εἰπ-* L: *vocāre*):

● Aor. εἰπεῖν   sagen, sprechen
  Ind. εἶπον, † εἶπα

τὸ ἔπος   1. Wort
    * 2. bes. Plur: Heldenlied [Fw *Epos*]

ὡς ἔπος εἰπεῖν   sozusagen

● 186   εἰρήνη   Friede [Fw *Irene*]

187   (Wz *sem*- eins G: ὁμός derselbe, gleich; Schwundst. *sm̥ > α* copul. L: *semel, semper, similis* D: *samt, sammeln*):

● εἷς, μία, ἕν   eins
○ ἕνδεκα   elf
● ἕτερος (<ἁ-τερος)   1. mit Artikel: der andere (bzw. eine) von beiden
    2. ohne Artikel: ein anderer, andersartig, verschieden
    [Fw *heterogen*]

* θάτερον   = τὸ ἕτερον
  (< τὸ ἅτερον)

* οὐδέτερος   keiner von beiden
● ἅμα   zugleich, zusammen
ὁμοῦ   zusammen, zugleich
    [vgl. L: *simul*]
ὅμως   gleichwohl, dennoch
● ὅμοιος   1. gleich
    [Fw *Homöopathie*]
    2. ähnlich (* καί wie)

● (ἀφ-) ὁμοιόω   1. mache gleich, ähnlich
    † 2. vergleiche

○ † τὸ ὁμοίωμα   Gleichbild, Abbild
○ ὁμῑλέω τινί   verkehre, rede mit jmd. [Fw *Homiletik*]

● 188   εἶτα u. ἔπειτα   dann
● 189   ἕκαστος   jeder
ἑκάστοτε   jedesmal
* ἑκάτερος   jeder von beiden
● 190   ἑκατόν L: *centum* D: *hundert*
● † ἑκατοντάρχης   (Hundertschaftsführer:) Centurio
● 191   ἐκεῖνος, -η, -ο   jener
● ἐκεῖ   1. dort
    † 2. = ἐκεῖσε
● ἐκεῖθεν   von dort
ἐκεῖσε   dorthin

192   (Wz *wek-* wünschen, wollen):

ἑκών, όντος u.   freiwillig, gern,
    ἑκούσιος   absichtlich
    ἄκων (<ἀϜεκ-)   unfreiwillig, un-
    u. * ἀκούσιος   gern, unabsichtlich

○   εἰκῇ (<ἐϜεκ-)   (nach Willkür:) planlos,
                      unüberlegt; † umsonst

●   ἕνεκα (ἕνεκεν,   um – willen, wegen;
    † εἵνεκεν)   * soweit es an-
                      kommt auf

● 193 ἐλαία̅ L: *olīva*   Ölbaum
●   ἔλαιον L: *oleum* D: *Öl*

○ 194 ἐλά̅ττων, †-σσων geringer, weniger
○   Superl. ἐλάχιστος geringster

○ 195 ἐλαύνω   1. tr: treibe
       Aor. ἤλασα   [Fw *elastisch*]
       Pf. ἐλ-ήλακα   2. intr: ziehe (fahre,
                       reite o. ä.)

● 196 ἐλέγχω u. * ἐξ- * 1. untersuche
                       2. beweise, widerlege
                       † 3. tadle, strafe
       ὁ ἔλεγχος   Beweis, Widerlegung

● 197 ὁ († τὸ) ἔλεος Mitleid, Erbarmen
●   ἐλεέω τινά   habe Mitleid mit, er-
                       barme mich
                       [*Kyrie eleison*]
       ἐλεεινός   bemitleidenswert
       † ἐλεήμων   barmherzig
●   † ἐλεημοσύνη   D: *Almosen*

198   (ἐλεύθερος eig. Volksangehöriger im Ggs. zu
       unterworfenen Völkern L: *līber, lībertī* D:
       Leute):

●   ἐλεύθερος   frei
●   ἐλευθερία̅   Freiheit
○   ἐλευθερόω τινός befreie von

199   (Wz ἐλευθ- > ἐλυθ- > ἐλθ-):

●   Aor. ἐλθεῖν   kommen, (gehen)
       Ind. ἦλθον
         † ἦλθα
       † Fut. ἐλεύσομαι
       Pf. ἐλ-ήλυθα
       † προσήλυτος   (Herzugekommener:)
                       Proselyt

200   (Wz *selq-* L: *sulcus* Furche):

○   ἕλκω   ziehe, schleppe
       Aor. εἵλκυσα

● 201 Ἕλλην, ηνος   1. Grieche
                       (Ggs. βάρβαρος)
                       † 2. Heide
                       (Ggs. Ἰουδαῖος)

● 202 ἡ ἐλπίς, ίδος   Erwartung, Hoffnung
●   ἐλπίζω   erwarte, hoffe

● 203 ἐν prokl. L: *in*   D: *in*
       Präp. b. Dat.   1. (Wo? † auch = εἰς)
                       in, an, bei, auf u. ä.
                       † 2. = hebr. *bᵉ*: durch,
                       mit   (instrumental,
                       kausal, modal)
       * ἐν Ἅιδου   (im Machtbereich des H.
                       =) im Hades

○   ἔνι (Adv.)   * 1. = ἔνεστι ist darin
                       † 2. = ἔστι es gibt
       * ἔνθα   da
       ἔνθεν   von da
○   ἐνθάδε   hier, hierher
       * ἐνθένδε   von hier
       * ἐνταῦθα   hier, hierher
○   ἐντεῦθεν   von hier
       ἐντός (τινος)   in(nerhalb),
       L: *intus*   inmitten

●   εἰς prokl. (< ἐνς) (Wohin? † auch = ἐν)
       Präp. b. Akk.   1. in … hinein, nach …
                       hin, (bis …) zu
                       2. in Richtung, im Hin-
                       blick auf (auch final,
                       † konsekutiv)
                       † 3. = Prädikatsnomen
                       im Nom. od. Akk.
       * εἰς διδασκάλων (in den Bereich von Leh-
                       rern:) in die Schule
●   * εἴσω, † ἔσω   1. hinein
                       2. (dr)innen, innerhalb
                       [Fw *esoterisch*]
●   † ἔσωθεν   1. von innen
                       2. (dr)innen

204   (Wz ἐνεκ-, redupl. ἐν-εγκ-):

●   Aor. ἐνεγκεῖν   bringen (konfektiv)
       Ind. ἤνεγκον,
            ἤνεγκα
       Aor. Pass.
            ἠνέχθην

● 205 ἐνιαυτός   (eig. Jahrestag:) Jahr

206   * ἔνιοι   einige
       * ἐνίοτε   manchmal

○ 207 ἐννέα L: *novem* D: *neun*

● ἔνατος   neunter

208 (Wz wes- kleiden G: ἕννῡμι < Fεσνῡμι L: vestis):

ἀμφι-ἕννῡμι   bekleide
  Pf. Pass. ἠμφίεσμαι
○ ἡ ἐσθής, ῆτος   Kleid(ung)
● ἱμάτιον   Mantel, Gewand
○ † ἱματίζω   bekleide

● 209 ἐξ, ἐκ prokl. L: ex aus
  Präp. b. Gen.   1. aus (heraus), von …
                            aus
                            2. zeitl: von … an, seit
                            3. auf Grund von, infolge
  Kompos.   1. heraus: ἐκβάλλω
                            2. aus = bis zu Ende:
                            ἐκπλήττω, διεξέρχομαι
● ἐκτός τινος   1. außerhalb
                            2. außer
● ἔξω, ἔξωθεν   1. (dr)außen
                            2. außerhalb (τινός)
                            [Fw exotisch]
● ἔσχατος   äußerster, letzter
                            [Fw Eschatologie]
● 210 ἕξ L: sex   D: sechs
● ἕκτος   sechster
○ ἑξήκοντα   sechzig

○ 211 ἐξαίφνης (Adv.)   plötzlich

212 ἐξ-ετάζω   prüfe (ob etwas wahr ist)

213   (Wz Fεικ-, Perf. Fε-Fοικ-α):
  ἔοικα   1. gleiche, bin ähnlich
                            * 2. scheine
  * Part. εἰκώς,   1. wahrscheinlich
    n. εἰκός   2. schicklich
  * εἰκότως (Adv.)   natürlich, mit Recht
○ ἐπιεικής   * 1. angemessen, bil-
                            lig; tüchtig
                            † 2. nachsichtig, mild
  * ἐπιεικῶς (Adv.) ziemlich
  * (ἀπ-)εἰκάζω   1. mache ähnlich, ver-
                            gleiche
                            2. vermute
● ἡ εἰκών, όνος   Bild [Fw Ikone]

● 214 ἑορτή   (religiöses) Fest

● 215 ἐπεί, ἐπειδή   1. temporal: als, nach-
                            dem

                            2. kausal: da (ἐπεί im
                            rel. Anschluß: denn)
  * ἐπειδάν b. Konj. (nur temporal:) wenn

● 216 ἐπί   (dar)auf
  Präp. b. Gen.   1. örtl. Wo u. Wohin?:
                            auf, dicht bei = an,
                            zu … hin
                            2. zeitl: zur Zeit von
                            3. übertr:
                            a) gestellt auf, über
                            b) in Betreff
  b. Dat.   1. örtl: auf, an; zu … hin-
                            zu
                            † 2. zeitl: während
                            3. übertr:
                            a) über; * abhängig von
                            b) auf Grund, * unter
                            der Bedingung von
                            c) zum Zwecke
                            d) in Betreff
  b. Akk.   1. örtl: auf, zu … hin,
                            gegen
                            2. zeitl: über … hin
                            3. übertr:
                            a) zum Zwecke; bis zu
                            † b) über; auf Grund
                            von; in Betreff
  Kompos.   1. darauf: ἐπιγράφω
                            2. dicht bei: ἐπιμένω
                            3. zu … hin: ἐπιθυμέω
                            gegen: ἐπιορκέω
                            4. zu … hinzu:
                            ἐπακολουθέω
                            5. verstärkend: ἐπιεικής
○ ὄπισθε(ν)   hinten; hinter (τινός)
● ὀπίσω   1. (nach) hinten
                            † 2. m. Gen.: hinter
  ὀψέ   spät
● † ὀψίᾱ   Abend

217 ἐπιτήδειος   1. geeignet, erforder-
                            lich
                            * 2. geneigt, befreundet
  τὰ ἐπιτήδεια   das Erforderliche, die
                            Lebensbedürfnisse
  * ἐπιτηδεύω   betreibe eifrig
  * τὸ ἐπιτήδευμα   Beschäftigung

218 ἕπομαι   folge
  Impf. εἱπόμην   [L: sequor]

● 219 ἑπτά L: septem   D: sieben
○ ἕβδομος   siebter
    L: septimus
○ ἑβδομήκοντα   siebzig

220	* ἔραμαι DP u.	liebe
	* ἐράω τινός	
	* ὁ ἔρως, ωτος	(leidenschaftliche, für sich begehrende) Liebe, Verlangen
● 221	ἔργον (< Ϝεργον)	D: Werk, Arbeit, Tat
●	† ἐργάτης	Arbeiter
●	ἐργάζομαι	1. intr: arbeite
		2. tr: wirke, schaffe
	* ἀπ-,	1. arbeite aus,
	* ἐξεργάζομαι	vollbringe
		2. tue jmd. etwas an (τινά τι)
●	† κατεργάζομαι	vollende, schaffe
○	ἀργός *2 u. † 3 (< ἀϜεργος)	1. (Person:) untätig, faul
		† 2. (Sache:) unwirksam
●	† καταργέω	mache wirkungslos, zunichte
●	† ἐνεργέω	bin wirksam, (be)wirke
●	† ἐνέργεια	Wirksamkeit (von überirdischen Wesen)
	εὐεργετέω τινά	tue jmd. wohl
○	πανοῦργος 2	(zu allem fähig:) listig, verschlagen
●	† συνεργός	mitwirkend; Mitarbeiter, Gehilfe
	* ὄργανον	Werkzeug, Instrument [Fw Organ, Orgel]
222	(Wz ἐρεϜ- nachforschen):	
	* Aor. ἐρέσθαι u. * ἀνερέσθαι Ind. ἠρόμην Fut. ἐρήσομαι	fragen
○	ἐρευνάω	spüre nach, erforsche
●	ἐρωτάω	1. frage † 2. fordere, bitte
●	ἐπερωτάω	frage
	* τὸ ἐρώτημα u. * ἡ ἐρώτησις	Frage
● 223	ἔρημος 2 u. * 3	1. einsam [Fw Eremit] 2. verlassen von (τινός)
●	† ἡ ἔρημος	Einöde, Wüste
○	† ἐρημόω	mache wüst, entvölkere
○ 224	† ἐριθεΐα	niederträchtige Selbstsucht
○ 225	ἡ ἔρις, ιδος	Streit
	ἐρίζω	streite
226	* ἑρμηνεύς	Dolmetscher [Fw Hermeneutik]
●	ἑρμηνεύω u. † δι-	1. übersetze 2. lege aus
○	† μεθερμηνεύω	übersetze
● 227	ἔρχομαι	komme, (gehe)
●	διέρχομαι	1. gehe hindurch * 2. gehe durch = erörtere, erzähle (bis zum Ende = διεξέρχομαι)
	ἐπανέρχομαι	kehre zurück
	ὀρχέομαι	tanze
	* ὀρχήστρᾱ	Tanzplatz (im Theater)
228	(Wz Ϝερε-, Ϝρη- sagen):	
●	Fut. ἐρῶ Pf. Akt. εἴρηκα (< ϜεϜρηκα) Pf. Pass. εἴρηται Aor. Pass. ἐρρήθην, † ἐρρέθην	werde sagen
●	τὸ ῥῆμα	1. Wort, Spruch † 2. Sache
	ῥήτωρ, ορος	Redner
●	παρρησίᾱ (< πανρησιᾱ)	1. Freimut, Offenheit † 2. Öffentlichkeit
○	παρρησιάζομαι	rede frei heraus, rede offen
229	ἑσπέρᾱ L: vesper	Abend
230	ἑταῖρος	Gefährte, Freund [Fw Hetäre]
● 231	ἔτι L: et	noch, ferner
●	οὐκέτι, μηκέτι	nicht mehr
● 232	ἕτοιμος 3 u. † 2	bereit
●	† ἑτοιμάζω	setze in Bereitschaft, mache bereit
● 233	τὸ ἔτος	Jahr [L: vetus]
● 234	εὖ (n. Akk. v. ἐΰς = Adv.)	gut, wohl

235	* εὕδω u.	schlafe
●	καθεύδω	
● 236	εὐθύς	gerade
●	Adv. εὐθύς u.	sogleich
●	εὐθέως	
○	† (κατ-)ευθΰνω	richte gerade, lenke
● 237	εὐνοῦχος	(Bettschützer:) Kämmerer, *Eunuch*
● 238	εὑρίσκω	finde
	Aor. ηὗρον,	
	† ηὗρα	
○ 239	εὔχομαι	1. gelobe, bete zu (τινί)
		2. wünsche
	εὐχή	1. Gelübde, Gebet
		* 2. Wunsch
●	προσεύχομαι	bete
●	† προσευχή	1. Gebet
		2. (selten) Gebetsstätte
○ 240	ἔχθρᾱ	Feindschaft, Haß
●	ἐχθρός	1. (akt:) feindlich;
	* Kompar. ἐχθίων	Feind
	* Superl. ἔχθιστος	2. (pass:) verhaßt
	* ἀπεχθάνομαι	werde verhaßt
	Aor.	
	ἀπηχθόμην	
○ 241	† ἔχιδνα	Viper, Otter
242	(Wz σεχ-, σχ-, σχη-):	
●	ἔχω (redupl.	1. tr: habe, halte;
	* ἴσχω)	Aor: bekommen;
	Impf. εἶχον	(mit Inf. od. indir. Frage:)
	Fut. ἕξω	kann, weiß
	Aor. ἔσχον	2. intr: (mit Adv.)
		verhalte mich o. ä.
○	ἔχομαί τινος	halte mich (fest) an;
		* hänge ab von
○	ἑξῆς, * ἐφ-,	anschließend, der
○	† καθεξῆς	Reihe nach
	ἡ ἕξις, εως	Haltung, Zustand
●	ἀνέχομαι	halte aus, ertrage
		(meist τινός)
●	ἀνεκτός 2	erträglich
●	ἀπέχω	1. intr: bin entfernt
		von (τινός)
		† 2. tr: (Geschäftsspra-
		che:) habe empfangen
		(und quittiere)
○	ἀπέχομαί τινος	enthalte mich
●	† ἔνοχος 2	festgehalten in, verfal-
		len, schuldig
○	ἐπέχω	1. tr: halte fest; † =
		προσέχω
		2. intr: halte inne, war-
		te [Fw *Epoche*]
●	κατέχω	halte fest, zurück;
		habe inne
○	μετέχω τινός	habe Anteil an etw.
○	† μέτοχος 2	teilhaftig
●	παρέχω	(halte hin:) reiche dar,
		gewähre, verursache
		o. ä.
●	προσέχω (τὸν	1. τινί: achte auf
	νοῦν)	etwas
		† 2. ἀπό: hüte mich
		vor
●	συνέχω	1. halte zusammen,
		fest
		2. Pass: bin ergriffen
		von etwas
○	ὑπερέχω	intr: überrage
	* ὑπισχνέομαι	verspreche
	Aor. ὑπεσχόμην	
	σχεδόν (Adv.)	(sich haltend an:) beina-
		he
	τὸ σχῆμα	Haltung, Gestalt
○	ἀσχήμων	unschicklich, unan-
		ständig
○	εὐσχήμων	anständig, angesehen
○	† μετασχηματίζω	verwandle
	σχολή	* 1. (Einhalten in po-
	L: Lw *schola*	litischer oder beruf-
		licher Tätigkeit:) Muße
		† 2. (Beschäftigung in
		der Muße:) Studium,
		Schule
	* ἀσχολίᾱ	negōtium: Beschäfti-
		gung, Abhaltung
●	ἡ ἰσχΰς, ύος	Stärke, Kraft
	(< Ϝι-σχυς)	
●	ἰσχΰω	bin stark
●	ἰσχῡρός	stark
● 243	ἕως (relativ)	1. Konjunktion: solan-
		ge als, bis
		† 2. Präp. b. Gen: bis
	* τέως (demonstr.)	1. so lange, bis dahin
		2. eine Zeitlang

Z

244	ζεύγνῡμι	verbinde
	L: *iungō*	
○	ὁ ζυγός u.	1. D: *Joch* L: *iugum*
	* τὸ ζυγόν	2. Waage(balken)
● 245	† ὁ (τὸ) ζῆλος	Eifer(sucht)
●	ζηλόω τινά	1. eifere jmd. nach, † bemühe mich eifrig um, * bewundere jmd. (τινός wegen) 2. beneide, bin eifersüchtig
○	† ζηλωτής	Eiferer [Fw *Zelot*]
246	ζημίᾱ	1. Nachteil, Schaden * 2. Strafe
○	ζημιόω	1. schädige 2. bestrafe
● 247	ζητέω u.	suche: 1. untersuche
●	† ἐπιζητέω	2. suche zu erlangen
○	ζήτησις	1. Untersuchung † 2. Streit(frage)
●	† συζητέω	disputiere
● 248	† ζύμη	Sauerteig
○	† ἄζῡμος 2	ungesäuert
● 249	† ζώννῡμι, -νύω	gürte
○	† ζώνη	Gürtel [Fw *Zone*]

H

● 250	ἤ	1. (disjunktiv:) oder 2. (vergleichend nach Kompar., ἄλλος u. ä:) als
○	ἤ ... ἤ	entweder ... oder
251	* ἦ	1. fürwahr, gewiß, wirklich 2. Fragepartikel
	ἆρα (< ἦ + ἄρα)	Fragepartikel; * selten in indir. Frage
252	(Wz *sāg-* nachspüren [Jägersprache] L: *sāgīre, sagāx* D: *suchen*):	
●	ἡγέομαι	1. τινά: meine, glaube (an), halte für * 2. τινί: gehe voran, zeige den Weg

		3. τινός: führe (an), * habe den Vorrang vor
○	† (ὁ) ἡγούμενος	führend, leitend
●	δι-, ἐξηγέομαι	führe aus, setze auseinander, erzähle [Fw *Exegese*]
●	ἡγεμών, όνος	Führer, † Statthalter [Fw *Hegemonie*]
253	ἥδομαί τινι DP	freue mich über etwas
	* Aor. ἥσθην	
○	ἡδονή	Freude, Lust, Vergnügen
	* ἡδύς	D: *süß*, angenehm
	* Kompar. ἡδίων Superl. ἥδιστος	[L: *suāvis* < *suādvis*]
○	ἡδέως (Adv.)	gern
○ 254	ἡλικίᾱ	(eig. Gleichalterigkeit:) 1. Lebensalter † 2. Größe
	τηλικοῦτος	1. so groß * 2. so alt
● 255	ἥλιος L: *sōl*	Sonne
● 256	ἡμεῖς	wir
	ἡμῶν, ἡμῖν, ἡμᾶς	
○	ἡμέτερος	unser
● 257	ἡμέρᾱ	Tag
●	τήμερον, † ση-	(diesen Tag:) heute
258	* ἠμί	sag' ich
	* ἦν δ' ἐγώ	sagte ich
	* ἦ δ' ὅς vgl. 457	sagte der
○ 259	ἥμισυς	halb [Fw *Hemisphäre*]
	L: *sēmi-*	
260	ἡνίκα	(zu der Zeit wo:) als; wenn
261	* ἡ ἤπειρος	D: *Ufer*, Festland
262	* ἥρως, ωος	(Beschützer, Herr:) Held, *Heros*
263	ἡσυχίᾱ	Ruhe
○	† ἡσυχάζω	halte Ruhe
264	ἥττων (< ἥκjων)	schwächer, geringer;
	(† ἥσσων)	Adv: weniger
	* ἥκιστα (Adv.)	am wenigsten
	ἡττάομαι DP	bin schwächer, unterliege jmd.
	* (ὑπό) τινος	
265	† ὁ (τὸ) ἦχος	1. Schall, Ton 2. Kunde [Fw *Echo*]

o	† κατηχέω	1. berichte
		2. unterrichte
		[Fw Katechumen]

Θ

● 266	θάλαττα, † -σσα	Meer, † See
267	† τὸ θάμβος	(Staunen:) Schrecken
o	† θαμβέομαι DP	intr: erschrecke
268	(Wz θανα-, θαν-, θνη-):	
●	θάνατος	Tod [Fw Euthanasie]
●	† θανατόω	töte
	* ἀθάνατος 2	unsterblich
	ἀθανασία	Unsterblichkeit
●	ἀποθνήσκω	sterbe
	Aor. ἀπέθανον	
●	Perf. τέθνηκα	bin tot
	* Inf. τεθνάναι	
	* Part. τεθνεώς	
o	θνητός	sterblich
● 269	θάπτω (<θαφjω)	bestatte, begrabe
o	τάφος	Grab [Fw Kenotaph]
270	τὸ θάρσος u.	Mut
	* θάρρος	
●	θαρρέω u.	bin mutig,
	θαρσέω	zuversichtlich
	* θαρραλέος	mutig
	* θρασύς	kühn (im guten u. schlechten Sinn)
271	* θέᾱ (<θᾱϜᾱ)	Schau, Anblick
●	θεάομαι	schaue
	θέᾱτρον	Schauspiel(haus), Theater
●	θεωρέω	(sehe eine Schau an:)
	(ὁράω)	betrachte [Fw Theorie]
●	θαυμάζω	staune: 1. bewundere
		2. wundere mich
	θαυμάσιος u.	1. wunderbar
o	θαυμαστός	* 2. wunderlich
● 272	θεός	(göttlich:) Gott
	ἡ θεός u. θεά	Göttin
	θεῖος	göttlich
	ἄθεος 2	gottlos [Fw Atheismus]
	* ἐνθουσιά(ζ)ω	bin (gott)begeistert
	(ἔνθεος)	[Fw Enthusiasmus]
● 273	θεραπεύω	1. (be)diene, * verehre
		2. pflege, heile

	θεραπείᾱ	* 1. Dienst an etwas
		2. Pflege, Heilung
		[Fw Therapie]
		† 3. Dienerschaft
274	τὸ θέρος	Sommer
●	† θερίζω	ernte
●	† θερισμός	Ernte
	θερμός	D: warm
		[Fw Thermometer]
o	† θερμαίνομαι	wärme mich
275	* θέω (<θεϜω)	laufe
276	(Wz dhē(l)- säugen, saugen L: fēmina; fīlius eig. Säugling):	
o	θῆλυς	weiblich
o	† θηλάζω	1. säuge 2. sauge
277	(G: ὁ θήρ wildes Tier, θήρᾱ Jagd L: ferus):	
●	θηρίον	(wildes) Tier
	θηρεύω	jage
● 278	θησαυρός	1. Vorrats-, Schatz- kammer [Lw Tresor]
		2. Schatz
o	† θησαυρίζω	speichere auf, sammle an
● 279	† θλίβω	(quetsche:) drücke, (be-)dränge
●	† θλῖψις, εως	Drangsal
o 280	θόρυβος	Lärm, Tumult
	θορυβέω	* 1. lärme
		2. bringe in Ver- wirrung
● 281	ἡ θρίξ, τριχός	Haar [Fw Trichine]
282	(Wz dher(ē)- halten, stützen L: firmus, frētus):	
●	θρόνος	Sessel, Thron
o	† θρησκείᾱ	(Festhalten religiöser Gebräuche:) Gottes- dienst, Religion
● 283	θυγάτηρ, τρός	D: Tochter
● 284	θύρᾱ	D: Tür
285	(G: θύειν wallen, wirbeln, rauchen [s. auch τυφλός] L: fūmus):	
●	θύω	(lasse in Rauch aufge- hen:) opfere
●	θυσίᾱ	Opfer

●	† θυσιαστήριον	Opferstätte, Altar
○	† εἰδωλόθυτον	Götzenopferfleisch
○	† θῡμιάω	räuchere
●	θῡμός	(aufwallende Lebens- kraft:) * 1. Mut, Wille 2. Leidenschaft, Zorn
○	ἐνθῡμέομαι DP	überlege, erwäge
●	ἐπιθῡμέω τινός	begehre, verlange nach
●	ἐπιθῡμίᾱ	Begierde, Verlangen
●	† μακροθῡμέω	habe Geduld, Lang- mut (μακροθῡμίᾱ)
●	† ὁμοθῡμαδόν (Adv.)	einmütig
	πρόθῡμος 2	geneigt, bereitwillig
	* προθῡμέομαι DP	bin bereit, will gern
○	προθῡμίᾱ	Bereitwilligkeit, Eifer
○ 286	ὁ θώρᾱξ, ᾱκος	Brustpanzer

I

● 287	ἰάομαι	heile
	* ἀνίᾱτος 2	unheilbar
	ἴᾱσις	Heilung
○	ἰᾱτρός	*Arzt* (<ἀρχιατρός) [Fw *Psychiater*]
● 288	ἴδιος	eigen, eigentümlich [Fw *Idiom*]; † oft = ἑαυτοῦ etc.
	ἰδίᾳ u.	für sich (allein),
●	† κατ' ἰδίᾱν	* privat
○	ἰδιώτης	* 1. Privatmann (Ggs. πολίτης) 2. Laie (Ggs. τεχνικός u.ä.)
289	ἱερός (* τινος)	(einem Gott gehörig, geweiht:) heilig [Fw *Hierarchie*]
●	τὸ ἱερόν	1. Heiligtum * 2. Plur: Opfer
●	ἱερεύς	(Opferer:) Priester
290		(Wz ἡ-, ἑ-):
	ἵημι Aor. ἧκα	lasse, sende
	ἀνίημι	1. lasse los * 2. intr: lasse nach
○	† ἄνεσις	(Nachlassen:) Linde- rung, Erholung

●	ἀφίημι, † -ίω	1. lasse los, schicke weg; † erlasse (Schuld o.ä.), † verlasse
	† Imp. Aor. ἄφες, ἄφετε	2. lasse gewähren, lasse zu
●	† ἄφεσις	Erlaß, Vergebung
	* ἐφίεμαί τινος	strebe nach etw.
	παρίημι	(lasse vorbei:) 1. unter- lasse * 2. lasse zu
●	συνίημι, † -ίω	verstehe (=conicio)
○	σύνεσις	Verstand, Einsicht
○	† συνετός	verständig, einsichtig
291		(Wz *seiq-, siq-, sē(i)q-*):
	ἀφ-ικνέομαι Aor. ἀφῑκόμην	(gelange hin:) komme (an)
	ἐφικνέομαι	komme hin, * erreiche (τινός)
●	ἱκανός	1. hinreichend, genügend 2. fähig
●	ἥκω	bin gekommen, bin da (Impf. auch „kam")
	† ἀν-, † καθ-, * προσήκει	es kommt zu, geziemt sich
	* προσήκοντες	Verwandte
○ 292	† ἱλάσκομαι	versöhne
	ἵλεως	* 1. heiter 2. gnädig
293		(ἵνα urspr. relat. „wo"):
●	ἵνα b. Konj. († auch b. Ind. Fut.)	1. finaler Nebensatz: damit; † auch im selb- ständigen Begehrungs- satz † 2. explikativ-konse- kutiv: in der Weise daß † 3. Umschreibung ei- ner Inf.-Konstr.
○	ἱνατί (sc. γένηται)	(damit was geschieht?) wozu? warum?
● 294	ὁ (u. † ἡ) ἵππος L: *equus*	Pferd [Fw *Philipp*]
	ἱππεύς	Reiter
● 295	ἴσος	gleich [Fw *Isobaren*]
	ἴσως	vielleicht

296 (Wz στη-, στα-: ἵστημι < si-stā-mi
L: stāre, sistere D: stehen;
erw. Wz G: σταυρός L: re-,
instaurāre D: stauen):

- ἵστημι — tr: stelle, bringe
  († ἱστάνω) — zum Stehen
  Aor. ἔστησα — (Ggs. 1. Liegen, Sitzen 2. Bewegung)
- ἵσταμαι — intr: stelle mich:
  Aor. ἔστην — 1. trete
  2. bleibe stehen
- Perf. ἕστηκα — intr: stehe
  Inf. ἑστηκέναι
  u. ἑστάναι
  Part. ἑστηκώς
  u. ἑστώς
- † στήκω — stehe
- στάσις, εως — 1. Stehen, Bestand
  2. Aufstand, Zwist
- ἀνίστημι — tr: mache aufstehen
- ἀνίσταμαι — intr: stehe auf
- † ἀνάστασις — Aufstehen, Auferstehung
- † ἀνθίσταμαι — intr: trete entgegen, leiste Widerstand
  ἀφίστημι — tr: 1. entferne
  2. mache abtrünnig
- ἀφίσταμαί τινος — intr: 1. entferne mich, lasse ab von
  2. werde abtrünnig
o † ἐνέστηκα — intr: bin vorhanden, gegenwärtig
  † ἐξίστημι — tr: bringe aus der Fassung
- † ἐξίσταμαι — intr: gerate aus der Fassung, außer mir
o † ἔκστασις — Außersichsein, Verzückung [Fw Ekstase]
* ἐφίστημι — tr: 1. τινί: stelle darauf, an die Spitze
  2. τινά: lasse haltmachen
- ἐφίσταμαι — intr: 1. trete heran, * an die Spitze
  * 2. mache halt
o ἐπιστάτης — Vorsteher, Aufseher, † Meister
- ἐπίσταμαι *DP (stelle mich in der geforderten Haltung

gegenüber:) verstehe, weiß, kenne
* ἐπιστήμη — Wissen
  ἐπιστήμων — kundig
- καθίστημι — tr: 1. stelle (bringe) hin
  2. setze ein, mache zu etw.
* καθίσταμαι — intr: trete, gerate in etwas
* Part. Pf. — bestehend
  καθεστηκώς, καθεστώς
o † ἀκαταστασίᾱ — Unordnung
o † ἀποκαθίστημι — tr: stelle wieder her
o μεθίστημι — tr: stelle um, ändere
- † παρίστημι — tr: 1. stelle zur Verfügung, bringe dar
  2. stelle vor (die Augen, den Richter)
o παρίσταμαι — intr: trete herzu
- Perf. παρέστηκα — intr: stehe dabei; bin anwesend, gegenwärtig
o προΐσταμαί τινος intr: trete an die Spitze, † sorge für
- συνίστημι — tr: * 1. stelle (bringe) zusammen [Fw System]
  2. stelle vor, empfehle
  † 3. erweise
  συνίσταμαι — intr: trete zusammen (als Freund oder Feind)
  Perf. συνέστηκα — intr: bestehe
o † ὑπόστασις — 1. Wesen, Wirklichkeit [Fw Hypostase]
  2. Lage, Zustand
- † σταυρός — (aufrecht stehender) Pfahl, Kreuz
- † σταυρόω — kreuzige
- 297 ὁ ἰχθῦς, ύος — Fisch

K

- 298 καθαρός — rein [Fw Katharina]
  καθαίρω u. — reinige
- † καθαρίζω

● † ἀκάθαρτος 2 unrein
● † ἀκαθαρσία Unsauberkeit
● 299 κάθημαι sitze
○ † κάθου setz dich!
● 300 καί 1. Gleichgeordnetes verbindend: und
2. nur zum folgenden Begriff gehörend: auch, sogar
* 3. vergleichend nach ὁ αὐτός, ὅμοιος u. a.: wie
● καὶ ... καί sowohl ... als auch: — ... und
* καὶ δὴ καί und so ... denn auch
○ καίπερ b. Part. konzessiv: obwohl
καίτοι konzessiv: und doch; freilich
301 (Wz qen- frisch hervorkommen L: recens):
● καινός neu (der Art nach)
† ἀνακαινόω erneuere
● 302 καιρός 1. entscheidender Zeitpunkt, rechter Augenblick
† 2. (v. Gott) bestimmte Zeit
303 (Wz κα F-, καυ-):
● καίω u. * κάω 1. brenne (an)
Aor. Pass. 2. = κατακαίω
ἐκαύθην verbrenne
† ἐκάην [Fw kaustisch]
○ † τὸ καῦμα Brand, Hitze
● 304 κακός schlecht, schlimm; Neutr: Übel
● κακία Schlechtigkeit, Bosheit
○ † κακόω behandle schlecht; erbittere
○ † ἐγκακέω intr: werde müde
κακοῦργος Übeltäter (ἔργον)
○ u. † κακοποιός (ποιέω)
● 305 † κάλαμος Rohr [D: Halm]
L: Lw calamus
306 (Wz καλε-, κλη- L: calāre, clāmāre):
● καλέω 1. rufe, lade ein,
† berufe
2. nenne
* ὁ καλούμενος der sogenannte

● † κλητός berufen
● † κλῆσις, εως Berufung
○ ἐγκαλέω werfe vor, klage an
○ † ἀνέγκλητος 2 untad(e)lig
● ἐκκλησία Volksversammlung, † Gemeinde, Kirche
● † ἐπικαλέω (be)nenne
● ἐπικαλέομαι rufe an
● παρακαλέω 1. rufe herbei, fordere auf, † bitte
† 2. tröste
● † παράκλησις 1. Ermahnung 2. Trost
○ † παράκλητος Helfer, Beistand
(= advocātus?)
● 307 καλός 1. schön
Kompar. [Fw Kaloderma]
καλλίων 2. gut
* Superl.
κάλλιστος
* τὸ κάλλος Schönheit
[Fw Kalligraphie]
308 (L: cēlāre, clam D: hehlen, hüllen):
● καλύπτω verhülle, verberge
○ † τὸ κάλυμμα Hülle, Decke
● ἀποκαλύπτω enthülle, † offenbare
● † ἀποκάλυψις Offenbarung
309 (Wz καμ(α)-, κμη-, κομ-):
καμνω 1. werde müde
Aor. ἔκαμον 2. bin krank
● κομίζω bringe; Med. (trage für mich davon:) empfange
○ 310 κάμπτω biege, beuge; † auch intr: beuge mich
● 311 † καπνός Rauch
● 312 καρδία D: Herz
L: cor (cordis)
313 (L: carpere pflücken D: Herbst):
● καρπός Frucht
○ † ἄκαρπος 2 ohne Frucht
● 314 κατά (über...) hinab
Präp. b. Gen. 1. örtl: von oben über ... hin, von ... herab, (von oben) in
2. übertr: im Hinblick auf; (urteilend:) gegen

b. Akk.	1. örtl. u. zeitl: über (durch) ... hin; * entlang; in; † zu ... hin	
	2. distributiv: καθ' ἕνα	
	3. übertr: „hat etwas zu tun mit"; (speziell:) gemäß	
Kompos.	1. hinab: κατακλίνω, (über ...) hin: καθίστημι	
	2. (b. Verb. m. Gen.) gegen: καταφρονέω	
	3. konfektiv bzw. verstärkend: κατεσθίω, κατάδηλος	
καθ' ἑαυτόν	für sich (allein)	
● κατὰ τὸν νόμον	dem Gesetz gemäß	
● καθάπερ	demgemäß wie	
● † καθό(τι) u.	1. demgemäß wie	
● † καθώς	2. (begründend:) insofern als	
● κάτω	unten, nach unten	
● † ὑποκάτω τινός	unterhalb, unten an	
● 315 † καυχάομαι	1. intr: rühme mich 2. tr: rühme	
● † καύχησις, εως	Rühmen	
● † τὸ καύχημα	Gegenstand des Rühmens	
● 316 κεῖμαι	liege (Pf. Pass. zu τίθημι)	
● † ἀνάκειμαι	liege zu Tische	
* διάκειμαι	bin in einer Lage, Stimmung	
● † κοιμάομαι DP	schlafe, Aor: entschlafen	
● 317 κελεύω	(treibe durch Zuruf an:) fordere auf, befehle	
* δια-, * παρακελεύομαί τινι	(rufe jmdm. auffordernd zu:) ermuntere jmd.	
● 318 κενός	leer	
○ κενόω	mache leer, † zunichte	
○ 319 κέντρον	Stachel [Fw Zentrum = Punkt, wo man den Zirkel einsticht]	
320	(κέραμος Tonerde; Fw Keramik):	
κεραμεύς	Töpfer	
321 κεράννῡμι	mische	
ἄκρᾱτος 2	ungemischt	
* κρᾶσις, εως	Mischung	

● 322 τὸ κέρας, ατος	L: cornu D: Horn	
323 τὸ κέρδος	Gewinn	
● κερδαίνω	gewinne	
● 324 κεφαλή	Kopf [D: Giebel]	
κεφάλαιον	Hauptsache, Summe	
325 * κήδομαί τινος	bekümmere mich um, sorge für	
326 κῆρυξ, ῡκος	Herold	
● † κηρύσσω	verkündige	
○ † τὸ κήρυγμα	Verkündigung	
○ 327 † ἡ κῑβωτός (Fw)	Kasten	
○ 328 κίνδῡνος	Risiko, Gefahr	
κινδῡνεύω	1. laufe Gefahr * 2. scheine	
● 329 κῑνέω	bewege [Fw Kino]	
● 330 † κλαίω (Wz κλαϝ-)	weine, beweine	
○ † κλαυθμός	Weinen	
331	(Wz qela(d)- schlagen, brechen L: clādēs Verletzung, Niederlage D: Holz):	
● † κλάω	breche	
○ † τὸ κλάσμα	Brocken	
● † κλάδος	Zweig, Trieb	
● κλῆρος	(Holzstückchen als Los:) 1. Los 2. Anteil, Erbteil [Fw Klerus]	
● κληρονόμος (νέμω)	der Erbe	
● † κληρονομέω	erbe	
● † κληρονομίᾱ	das Erbe	
κολάζω	(verstümmle:) 1. bestrafe, züchtige * 2. zügele	
* ἀκόλαστος 2	zügellos	
○ † κολαφίζω	ohrfeige, mißhandle	
○ 332 † ἡ κλείς, δός	Schlüssel	
† κλείω	(ver)schließe	
333 τὸ κλέος (<κλεϝος)	Ruhm [vgl. Περικλῆς]	
● 334 κλέπτω	stehle [Fw Kleptomanie]	
● † κλέπτης	Dieb	
κλοπή	Diebstahl	

335		(L: clīnāre D: lehnen):
●	κλίνω	neige, beuge († auch intr: neige mich)
○	† ἀνα-, κατα- κλίνω	lege nieder: lasse sich niederlegen; Pass: lege mich nieder
●	κλίνη	Ruhebett [Fw Klinik]
● 336	† κοιλίᾱ	Bauch(höhle)
● 337	κοινός	1. gemeinsam (Ggs. ἴδιος) † 2. gemein, kultisch unrein (Ggs. ἅγιος)
*	κοινῇ	gemeinsam
●	† κοινόω	mache (betrachte als) unrein
●	κοινωνός	Genosse, Teilnehmer
●	κοινωνέω τινός u. τινί	1. habe teil an † 2. gebe Anteil an
●	κοινωνίᾱ	Gemeinschaft
338	* κολακεύω τινά	schmeichle jmd.
339	(κόλλα Leim; Fw Kolloide, Protokoll):
●	† κολλάομαί τινι	werde fest verbunden mit, hange an
○ 340	† κόλπος	(D: Wölbung): 1. Busen, Bausch (des Gewandes) 2. Meerbusen [Lw Golf]
● 341	κόπτω	haue, schlage [Fw Komma, Perikope]
●	† κόπος	(Schlag:) Mühsal, Arbeit
○	† εὔκοπος 2	leicht
●	† κοπιάω	1. werde müde 2. mühe mich ab
○	† ἐγκόπτω	(sperre die Straße durch Einschnitt:) hemme, hindere
○	† προκόπτω	mache Fortschritte
●	† προσκόπτω	stoße an, nehme Anstoß
○	† τὸ πρόσκομμα	Anstoß
342	* κόρη u.	Mädchen
○	† κοράσιον	
● 343	κόσμος	(geordnete Zurüstung:) * 1. Ordnung 2. Schmuck

		3. Welt [Fw Kosmo- naut, Kosmopolit]
●	κοσμέω	1. ordne 2. schmücke, statte aus [Fw Kosmetik]
	κόσμιος	ordentlich, anständig
● 344	† κράβαττος (Fw)	Bett, Bahre
345		(Schallwurzel vgl. G: κόραξ Rabe L: corvus, cornīx):
●	† κράζω Aor. ἔκραξα	schreie, rufe
○	† κραυγή	Geschrei
○	† κραυγάζω	schreie
● 346	τὸ κράτος	(überlegene) Stärke, Macht, Gewalt
●	κρατέω	(bin stärker:) 1. besiege, fasse (meist τινά) 2. halte fest, beherr- sche (meist τινός)
	Kompar. κρείττων († auch κρείσσων)	stärker, überlegen
	Superl. κράτιστος ἐγκρατής τινος	stärkster * 1. Herr über 2. enthaltsam
○	ἐγκράτεια	Selbstbeherrschung, Enthaltsamkeit
●	† παντοκράτωρ, ορος	Allmächtiger
	καρτερέω	bin stark, standhaft
●	† προσκαρτερέω τινί	harre aus bei
347	† κρεμάννῡμι	tr: hänge auf
	† κρέμαμαι	intr: hange
348		(L: cernere sichten, unterscheiden):
●	κρίνω	(sondere:) entscheide, beurteile, richte [Fw Kritik]
●	ἡ κρίσις, εως	Entscheidung, Urteil, Gericht [Fw Krise]
●	ὁ κριτής	(Beurteiler:) Richter
●	† τὸ κρίμα	Entscheidung, Urteil
●	† ἀνακρίνω	erforsche, untersuche
●	ἀποκρίνομαι († auch DP)	(gebe Bescheid:) antworte
	ἀπόκρισις, εως	Antwort
○	διακρίνω	1. trenne, unterscheide 2. entscheide, beurteile

•	† διακρίνομαι	1. streite	
	DP	2. (bin mit mir im Streit:) zweifle	
•	† κατακρίνω	verurteile	
•	ὑποκριτής	(Ausleger, Deuter:) Schauspieler, † Heuchler	
○	† ὑπόκρισις	Heuchelei	
○	† ἀνυπόκριτος 2	ungeheuchelt; nicht heuchelnd	
○ 349	κρούω	stoße, klopfe an	
• 350	κρύπτω u. ἀπο- † Aor. Pass. ἐκρύβην	verberge, verheim- liche [Fw Apokryphen]	
•	† κρυπτός	verborgen [Fw Krypta]	
○ 351	κτάομαι * Perf. κέκτημαι τὸ κτῆμα * κτῆσις, εως	erwerbe mir besitze Besitz 1. Erwerbung 2. Besitz	
352 •	* κτείνω u. ἀποκτείνω † Aor. Pass. ἀπεκτάνθην	töte	
• 353	κτίζω	* gründe, † erschaffe	
•	† κτίσις, εως	Schöpfung	
354	κυβερνάω L: Lw gubernāre	steure, lenke	
	κυβερνήτης	Steuermann	
○ 355	† κυλίω	rolle, wälze [Fw Zylinder]	
• 356	† προσ-κυνέω τινά od. τινί	verehre fußfällig [κυνέω küsse]	
○ 357	κύπτω	bücke mich, beuge mich vor(wärts)	
• 358	κύριος	1. (Person:) Herr, herrschend; * be- rechtigt zu * 2. (Sache:) ent- scheidend, gültig	
•	† κῡριεύω τινός	bin Herr, habe die Entscheidung über	
	κῡρόω	mache rechtskräftig, gültig	
	ἄκῡρος 2	ungültig	

○ 359	κύων, κυνός L: canis	D: Hund [Fw Kyniker, zynisch]	
• 360	κωλύω u. δια- τινά τινος	(ver)hindere, halte jmd. von etwas ab	
• 361	κώμη	Dorf	
362	κῶμος	* 1. Schwarm, Festzug zu Ehren d. Dionysos [Fw Komödie] 2. Gelage	
	* ἐγκωμιάζω	preise	
• 363	κωφός	(stumpf:) 1. stumm 2. taub	

Λ

364	λαγχάνω τι u. τινός Aor. ἔλαχον * Pf. εἴληχα	erlange (durchs Los)	
• 365	† λαλέω (Schallwort)	rede	
• 366	λαμβάνω Aor. Akt. ἔλαβον Pass. * ἐλήφθην † ἐλήμφθην Pf. Akt. εἴληφα	1. nehme, ergreife 2. bekomme, empfange	
•	ἀναλαμβάνω	nehme auf, * nehme (wieder) vor	
○	ἀπολαμβάνω	1. nehme weg, sondere ab 2. bekomme (Schul- diges) zurück	
•	ἐπιλαμβάνομαί τινος	fasse an, ergreife, * greife an [Fw Epi- lepsie = Anfall]	
○	εὐλαβέομαι DP	nehme mich wohl in acht; † habe fromme Scheu	
•	καταλαμβάνω	ergreife; * treffe an	
○	μεταλαμβάνω	1. τινός: nehme (be- komme) Anteil an * 2. τι: (nehme nachher:) tausche um, ein	
•	παραλαμβάνω	nehme zu mir, übernehme	

●	συλλαμβάνω	* 1. fasse zusammen	○	† λατρεία	Gottesdienst
		[συλλαβή = Silbe]	371	(= L: legō lese (auf, aus) vgl. ἐκλέγω, sammle	
		2. ergreife, * erfasse		vgl. συλλέγω, zähle auf καταλέγω	
		3. (fasse mit zu:)		Fw Katalog):	
		helfe τινί	●	λέγω	1. sage, rede, nenne
		† 4. Aor: empfangen			2. meine (mit einer
		= schwanger werden			Aussage)
	* συλλήβδην	zusammenfassend, im	●	λόγος	1. Wort, Rede,
	(Adv.)	ganzen, überhaupt			Erzählung
○	ὑπολαμβάνω	1. nehme an, vermute			2. Vernunft, Denk-
		2. unterbreche (den			vermögen, Gedanke;
		Redenden), erwidere			Grund, Sinn
		† 3. nehme auf	○	λόγον δίδωμι	gebe Rechenschaft
○ 367	† λάμπω	leuchte [D: Lampe]	●	λογίζομαι	(be)rechne, überlege,
○	† ἡ λαμπάς, άδος	Fackel, Öllampe			erwäge, bedenke
●	λαμπρός	leuchtend, glänzend		λογισμός	(Be)rechnung,
368	(Wz ληθ-, λαθ- L: latēre):				Überlegung,
					Erwägung
○	λανθάνω τινά	bin verborgen vor		ἄλογος 2	unvernünftig,
	Aor. ἔλαθον				unbegründet
	* Pf. λέληθα		●	ἀντιλέγω	widerspreche
	~ ποιῶν	tue heimlich, unbemerkt	●	ἀπολογέομαι	verteidige mich,
	λήθη	Vergessen			bringe z. Vertei-
○	ἐπιλανθάνομαί	vergesse etwas			digung vor
	τινος († u. τι)		○	ἀπολογία	Verteidigung
	ἐπιλήσμων, ονος	vergeßlich	●	διαλέγομαί	unterrede mich,
●	ἀληθής	1. (unverborgen:)		τινι DP	spreche mit jmd.
	(α priv.)	wahr, wirklich		* Pf. διείλεγμαι	
		2. (nicht verhehlend:)	○	ἡ διάλεκτος	* 1. Gespräch
		wahrhaftig			2. Sprache, Mundart
	* ὡς ἀληθῶς	(Wie wahr!) in			[Fw Dialekt]
		Wahrheit, wirklich		* διάλογος	Unterredung, Ge-
●	ἀλήθεια	1. Wahrheit, Wirk-			spräch [Fw Dialog]
		lichkeit	●	† διαλογίζομαι	1. überlege, erwäge
		2. Wahrhaftigkeit			2. bespreche mich
	* (τῇ) ἀληθείᾳ	in Wahrheit, wirklich	●	† διαλογισμός	1. Überlegung, Er-
	ἀληθεύω	sage die Wahrheit			wägung
●	ἀληθινός	wahr, echt;			2. Bedenken
		† wahrhaftig	●	ἐκλέγω	lese aus, wähle aus
● 369	† λαός (att. λεώς)	Volk, Menge [Lw Laie]	●	† ἐκλεκτός	auserwählt
●	λειτουργία	1. Leistung für d.	○	ἐκλογή	Erwählung, Auswahl
	(ἔργον)	Volk (als polit.	○	συλλέγω	(ver)sammle
		Gemeinwesen)	●	† εὐλογέω	1. preise 2. segne
		† 2. Dienst(leistung)			(vgl. benedīcere)
		für Gott (im Kult,	●	† εὐλογία	1. Preis 2. Segen
		in der Gemeinde)	●	ὁμολογέω	* 1. stimme überein,
		[Fw Liturgie]			zu; komme überein
370	(G: λάτρον Sold L: Lw latrō Söldner):				2. gebe zu, bekenne
●	† λατρεύω	diene (eig. um Sold)			3. verspreche

○	ὁμολογίᾱ	* 1. Überein-, Zustimmung, Übereinkunft † 2. Bekenntnis
●	† ἐξομολογέομαι	1. τι: bekenne etwas 2. θεῷ: bekenne mich zu Gott = preise G.

372   (Wz *leiqu-* lassen G: λειπ-/λοιπ-, λιπ-
L: *linquere, reliquus* D: *leihen*):

○	λείπω u. ἀπο-,	verlasse; lasse
●	καταλείπω Aor. ἔλιπον	übrig, zurück
	ἐκ-, ἐπιλείπω	* 1. lasse aus 2. gehe aus, schwinde, fehle (τινά) [Fw *Ekliptik*]
	* παραλείπω	lasse unbeachtet, übergehe
●	λοιπός	übrig
●	(τὸ) λοιπόν (Akk.)	1. fortan, weiterhin, künftig (auch τοῦ λοιποῦ) † 2. im übrigen, schließlich
○ 373	† λεπρός	(schuppig:) aussätzig [Fw *Lepra*]

374   (Wz *leuq-* L: *lūx, lūcēre* D: *leuchten*):

●	λευκός	leuchtend, weiß [Fw *Leukämie*]
●	† λύχνος	Leuchte, Lampe
●	† λυχνίᾱ	Leuchter, Kandelaber
○ 375	λέων, οντος	L: *leō* D: *Löwe*
376	* λήγω	lasse ab von (τινός), höre auf
● 377	† λῃστής	Räuber
● 378	λίᾱν	sehr, allzusehr
● 379	λίθος	Stein [Fw *Lithographie*]
	λίθινος	steinern
○	† λιθάζω u.	steinige
○	† λιθοβολέω (βάλλω)	
● 380	† λίμνη	Sumpf, Teich, See
● 381	λῑμός, ὁ u. † ἡ	Hunger(snot)
○ 382	λοιδορέω	schmähe
○ 383	λούω (<λοϜω) L: *lavō*	wasche, bade

384   (Wz *wlqu-* L: *lupus*):

○	λύκος	D: *Wolf* [Λύκειον = Fw *Lyzeum*]
● 385	λύπη	Kummer, Trauer, Betrübnis
●	λῡπέω	betrübe, kränke

386   (L: *solvere* < *se-luere* D: *los*):

●	λύω	D: *löse*
	λύσις, εως	Lösung
●	ἀπολύω	1. lasse los, entlasse * 2. befreie
○	† ἐκλύομαι Pass.	werde matt
●	καταλύω	1. löse auf, zerstöre 2. (spanne d. Zugtiere aus:) kehre ein, raste (Ggs. † ἀναλύω breche auf)
○	† παραλελυμένος	gelähmt [Fw *Paralyse*]
●	= † παραλυτικός	
○	† λύτρον	Lösegeld
●	† (ἀπο-) λύτρωσις	(Loskaufung:) Erlösung
	λῡσιτελέω (τέλος 626)	(löse, bringe die Kosten ein:) nütze

M

387   (Wz *men-* geistig erregt sein, gedenken
G: μαν-, μνη- L: *meminisse,*
monēre D: *Minne, mahnen;*
erw. Wz *mendh-* G: Schwundst. μαθ-):

○	μαίνομαι DP * Aor. ἐμάνην	bin verzückt, rase
	μανίᾱ	Verzückung, Raserei, * Begeisterung [Fw *Manie*]
	* ὁ μάντις, εως μαντεύομαι αὐτόματος	(Verzückter:) Seher weissage, * vermute (von selbst sich regend:) von selbst
○	ἀνα-, ὑπο- μιμνήσκω	erinnere, bringe in Erinnerung [Fw *A-mnestie*]
●	(ἀνα-, ὑπο-) μιμνήσκο- μαι DP Aor. ἐμνήσθην Pf. μέμνημαι	erinnere mich, * erwähne (τινός, † auch τι)

	ἀνά-, ὑπό-μνησις	Erinnerung [Fw *Ana-mnese*]	
○	μνείᾱ	Erinnerung, Erwähnung	
	μνήμη	Erinnerung, Gedächtnis	
●	τὸ μνῆμα u. μνημεῖον	Denkmal, Grab	
	* μνήμων	eingedenk [Fw *Mnemotechnik*]	
●	μνημονεύω	erinnere mich, erwähne	
●	μανθάνω Aor. ἔμαθον	1. lerne, erfahre 2. verstehe	
●	μαθητής * μάθησις, εως * τὸ μάθημα	Schüler, † Jünger Lernen, Unterricht das Gelernte, d. Kenntnis; Pl: (höhere) Wissenschaften [Fw *Mathematik*]	
	ἀμαθής	unwissend, * ungebildet	
	καταμανθάνω	bemerke, * verstehe genau	
388 ●	* μάκαρ u. μακάριος	glücklich, selig	
○	μακαρίζω τινά * τινος	preise jmd. glücklich * wegen	
389		(L: *macer* D: *mager*):	
●	μακρός	1. lang, groß † 2. fern gelegen	
●	† μακρᾱν (sc. ὁδόν)	weit, fern	
●	† μακρόθεν τὸ μῆκος	von ferne Länge	
● 390	μάλα*, μᾱλλον, μάλιστα	sehr, mehr, am meisten	
391		(Wz *mel*- zerreiben L: *mollis, molere* D: *mahlen, mulmig*):	
○	μαλακός	weich, weichlich	
○	† μύλος	Mühle, Mühlstein	
○ 392	† ὁ μαργαρίτης sc. λίθος (Lw)	Perle [Fw *Margarete*]	
● 393	μάρτυς, υρος	Zeuge [Fw *Märtyrer*]	

●	μαρτυρέω	bin Zeuge, bezeuge	
●	(δια-)μαρτῦρομαι	1. bezeuge 2. rufe zum Zeugen an	
●	μαρτυρίᾱ	Zeugnis (als Vorgang)	
●	μαρτύριον	Zeugnis (als Ergebnis)	
○ 394	ἡ μάστιξ, ῑγος	Peitsche, Geißel	
○	† μαστῑγόω	peitsche, geißle	
● 395	† μάταιος 3 u. 2	eitel, nichtig	
○ 396	μάχομαί τινι	kämpfe mit jmd.	
	μάχη	Kampf, Schlacht	
●	† μάχαιρα	Messer, Schwert	
	* σύμμαχος	verbündet; Bundesgenosse	
397		(G: μεγ-, Schwundst. ἀγ- L: *magis, magnus*):	
●	μέγας, άλου	groß [Fw *Megaphon*]	
●	Kompar. μείζων		
○	Superl. μέγιστος		
	τὸ μέγεθος	Größe	
○	† μεγαλῡνω	1. mache groß 2. preise	
	* ἄγᾱν	allzusehr	
	* ἄγαμαι DP Aor. ἠγάσθην	staune, bewundre (τινός wegen)	
● 398	μεθύω μέθη	bin trunken [D: *Met*] Trunkenheit	
○ 399	μ(ε)ίγνῡμι	D:*mische* L: *misceō*	
○ 400	μέλᾱς, μέλαινα, μέλαν	schwarz [Fw *Melanchthon*]	
● 401	μέλει μοί τινος	mir liegt an etw.; kümmere mich um etw.	
	ἀμελέω τινός	vernachlässige, kümmere mich nicht um etw.	
	ἐπιμελέομαί (u. * -μέλο-) τινος DP	sorge für etw.	
	ἐπιμέλεια	Sorge für etwas (Ggs. * ἀμέλεια)	
	* μεταμέλει μοι = † μεταμέλομαι	bereue	
○			
	μελετάω	betreibe, übe ein	
● 402	μέλλω	1. stehe im Begriff = a) will	

		b) (vom Geschick:) soll
		c) es steht zu erwarten, daß ich
		2. (selten:) zögere
●	μέλλων	(zu)künftig
● 403	τὸ μέλος	1. Glied
		* 2. (gegliederte) Weise, Lied
		[Fw Melodie]
404	μέμφομαι	tadle, werfe vor
○′	† ἄμεμπτος 2	untadelig
● 405	μένω L: maneō	1. intr: bleibe (Ggs. a) gehe weg b) vergehe)
		2. tr: erwarte
	περιμένω	warte, erwarte
●	ὑπομένω	1. halte (unter einem Druck) stand, aus
		† 2. (selten:) bleibe zurück
●	† ὑπομονή	Standhaftigkeit, Geduld
○ 406	† μέριμνα	Sorge
●	† μεριμνάω	bin besorgt, besorge
● 407	τὸ μέρος	Teil, Anteil
	* τὸ σὸν μέρος	für dein Teil; was dich betrifft
○	† ἡ μερίς, ίδος	Teil, Anteil
●	† (δια-)μερίζω	teile, verteile
	* μόριον	Teil
	* μοῖρα	1. (An)teil
		2. Schicksal
	* εἵμαρται	(es ist zugeteilt:) es
	(<σεσμαρται)	ist durch das Schicksal bestimmt
	* εἱμαρμένη	Schicksal
408	(medhjos L: medius D: Mitte vgl. auch μετά):	
●	μέσος	in der Mitte befindlich; mittlerer
		[Fw Mesopotamien]
○	† μεσίτης	Mittler
● 409	μεστός τινος	voll von etwas
● 410	μετά	D: mit
	Präp. b. Gen.	mit
	b. Akk.	nach
	Kompos.	1. („mit") Anteil: μετέχω
		2. („nach")

		a) hinter … her: μεταπέμπομαι
		b) Veränderung: μετατίθημι
○	μεταξύ (τινος)	zwischen
● 411	μέτρον	Maß [Fw Meter]
●	μετρέω	messe
	μέτριος	mäßig, maßvoll
● 412	μέχρι(ς) u.	bis
●	† ἄχρι(ς) τινός	
● 413	μή	nicht (subj. abwehrend bzw. setzend)
●	μή b. Ind. im Hauptsatz, auch verst.:	fragend: etwa? doch nicht etwa? (erwartete Antwort: Nein)
	* μῶν (<μὴ οὖν)	
	† μήτι	
●	μή im Nebensatz, 1. b. Konj.	
	† auch verst.	a) final: damit nicht
	μήποτε,	b) nach „fürchten": daß
	μήπως	(μὴ οὐ daß nicht)
		2. b. Ind.
	im scheinbaren Hauptsatz:	fragend: ob etwa
	μὴ οὐ b. Konj.	(ich fürchte, daß nicht =) wohl nicht, schwerlich
●	οὐ μή b. Konj. Aor. od. Ind. Fut.	(keine Furcht, daß =) gewiß nicht
414	μήν (I)	beteuernd: wahrlich, gewiß; * allerdings
●	μέν	* 1. =μήν
		2. meist korrelativ m. folgendem δέ: zwar (oft unübersetzt)
○	μέντοι	fürwahr; allerdings, jedoch
	* μὰ Δία	wahrlich beim Zeus
● 415	ὁ μήν (II), μηνός L: mēnsis	(Mond:) Monat
416	μηνύω	zeige an
● 417	μήτηρ, τρός	L: māter D: Mutter
418	* μηχανή	Werkzeug, Mittel
		[Fw Mechanik, Lw Maschine]
	* μηχανάομαι	ersinne, bewerkstellige

	* ἀμήχανος 2	1. akt. (wer kein Mittel hat:) hilflos, verlegen 2. pass. (wofür es kein Mittel gibt:) unmöglich o. ä.
o 419	μιαίνω	beflecke, besudle
● 420	μῑκρός, * σμῑ-	klein [Fw Mikroskop]
421	μῑμέομαι	ahme nach [Fw Mimik]
o	μῑμητής	Nachahmer
● 422	μῑσέω	hasse [Fw Misanthrop]
● 423	μισθός	Lohn, Sold
o	μισθόομαι	miete mir
o 424	μόγις(*) u. μόλις	mit Mühe, kaum
	† μόχθος	Mühe
	* μοχθηρός	(mühselig:) schlecht (griech. Adelsethik!)
425		(Wz meigh- harnen D: niederdeutsch mīgen):
	† μοιχός	Ehebrecher
o	† μοιχαλίς, ίδος	Ehebrecherin
	† μοιχάομαι DP	treibe Ehebruch mit
●	u. † μοιχεύω τινά	jmd.
● 426	μόνος	allein [Fw Monotheismus]
●	μόνον	nur
o 427	μορφή	Gestalt [Fw Morphologie]
	† μεταμορφόω	gestalte um, verwandle [Fw Metamorphose]
428	* μοῦσα	Muse [μουσεῖον = Fw Museum]
429		(μύειν = μῦ sagen = geschlossen lassen (Lippen, Augen), ὁ μύστης Eingeweihter [Fw Mystik] L: mūtus):
	μυέομαι	werde in d. Mysterien eingeweiht
●	μυστήριον	* 1. Pl: Geheimdienst, Mysterien † 2. Geheimnis
o 430	μῦθος (Ggs. λόγος)	Rede; (fabulierende) Erzählung [Fw Mythologie]
o	παραμῡθέομαί τινα	rede zu: ermuntere, tröste

431	μῡρίος μύριοι	unzählig, unsäglich zehntausend
● 432	† μύρον	Salbe, Salböl [D: Schmer]
433	† μῶμος	(Tadel:) Makel
o	† ἄμωμος 2	untadlig
434	* μῶρος u.	töricht, dumm
●	† μωρός	
o	μωρίᾱ	Torheit

N

● 435	ναί νὴ τοὺς θεούς	wahrlich; ja ja bei den Göttern
● 436	† νᾱός (* νεώς)	(Wohnung:) Tempel
437	ἡ ναῦς, νεώς ναύτης L: Lw nauta	Schiff [L: nāvis] Schiffer, Seemann
● 438	νεκρός L: necāre	tot; Leichnam [Fw Nekrolog]
o	† νεκρόω	(er)töte
439		(νεμ- enthält das Moment des in einem begrenzten Bereich gültigen Gesetz- bzw. Regelmäßigen):
	νέμω	1. teile zu * 2. (teile Weideland zu:) lasse weiden; Med: weide [Fw Nomade]
	διανέμω	verteile
●	νόμος	* 1. Brauch 2. Gesetz
●	νομίζω	* 1. erkenne als üblich, verbindlich an 2. glaube, * halte für
	νόμιμος	* 1. gebräuchlich 2. gesetzmäßig
o	† νομικός	1. das Gesetz betreffend 2. Subst: Gesetzeskundiger
●	ἄνομος 2	gesetzlos
●	ἀνομίᾱ παράνομος 2 νομοθέτης (τίθημι)	Gesetzlosigkeit gesetzwidrig Gesetzgeber

● 440	νέος (< νεϝος)	D: *neu*; jung
	L: *novus*	
	ἡ νεότης, τητος	Jugend
	* νεωστί (Adv.)	neulich, jüngst
	νεᾱνίᾱς u.	Jüngling
●	νεᾱνίσκος	
○ 441	νεύω L: *nuō*	nicke
● 442	† νεφέλη L: *nebula* D: *Nebel;* Wolke	
● 443	† νήπιος	unmündig, kindlich
● 444	ἡ νῆσος	Insel [Fw *Poly-nesien*]
○ 445	† νήφω	bin nüchtern
446	νῑ́κη u. † τὸ νῖκος Sieg	
●	νῑκάω	siege, besiege
	φιλόν(ε)ῑκος 2	(den Sieg liebend:)
	(Anklang an	* 1. wetteifernd
	νεῖκος Streit)	2. streitsüchtig
● 447	† νίπτω	wasche
● 448	ἡ νόσος u.	Krankheit
	* τὸ νόσημα	
	νοσέω	bin krank
○ 449	† νότος	Südwind, Süden
● 450	ὁ νοῦς	Denken: Geist,
	Gen. * νοῦ	Verstand, Sinn,
	u. † νοός	Gedanke
●	νοέω	(be)denke, erkenne
○	† τὸ νόημα	Gedanke
○	ἀνόητος 2	unverständig
	ἄνοια	Unverstand
	* εὔνους	wohlgesinnt, wohl-
		wollend
	εὔνοια	Wohlwollen
	διανοέομαι DP	(lasse mir durch den
		Sinn gehen:) 1. (be)den-
		ke
		2. gedenke, beabsichti-
		ge
●	διάνοια	1. Denken, Gesinnung
		* 2. Gedanke, Absicht
	ἐννοέω	(habe im Sinn:) bedenke
●	κατανοέω	bemerke, * verstehe,
		† beobachte
●	† μετανοέω	ändere meinen Sinn,
		tue Buße
●	† μετάνοια	Sinnesänderung,
		Umkehr, Buße

○	† προνοέω	bedenke vorher,
		sorge vor
●	νουθετέω	(lege ans Herz:)
	(τίθημι)	ermahne, weise zu-
		recht
○ 451	† νύμφη	Braut, junge Frau
●	† νυμφίος	Bräutigam
● 452	νῦν u. νῡνί	D: *nun*; jetzt
	L: *nunc*	
● 453	ἡ νύξ, νυκτός	D: *Nacht*
	L: *nox, noctis*	

Ξ

● 454	ξένος	1. fremd; Fremder
		2. Gastfreund
●	ξενίζω	1. nehme gastlich auf,
		bewirte
		† 2. befremde
○ 455	† ξηρός	trocken, dürr
●	† ξηραίνω	mache dürr, trockne
		aus
● 456	ξύλον	Holz [Fw *Xylophon*]

O

457	(Demonstr.-Pron. Wz *so/sā* G: ὁ, ὅς/ἡ	
	to/tā G: τό/τή-ν):	
●	ὁ, ἡ, τό (ὁ, ἡ prokl.)	(Artikel:) der, die, das
●	† τοῦ b. Inf.	1. (final:) damit
		2. (konsek.-explikativ:)
		was darin besteht daß
	urspr. demonstr.-anaphorische Bdtg. noch in:	
●	ὁ δέ	der aber
●	ὁ μὲν ... ὁ δέ	1. (sich auf vorher Ge-
		nanntes beziehend:) der
		eine ... der andere
		2. (ganz unbestimmt:)
		einer ... ein anderer;
		Plur: manche ... ande-
		re
	* πρὸ τοῦ	vordem
	* ὅς (demonstr.) nur:	
	* καὶ ὅς	und der
	* ἦ δ' ὅς	sagte der
	vgl. 258	

●	ὅδε, ἥδε, τόδε	der da, dieser
●	ὧδε	* 1. auf folgende Weise (verst. * ὡδί)
		2. hierher
		† 3. hier
●	οὗτος, αὕτη, τοῦτο dieser	
	*verst. οὑτοσί	
	n. τουτί·	
●	οὕτω(ς)	so
	* verst. οὑτωσί	
	* τῇδε, * ταύτῃ	1. auf diese Weise; so
		2. hier(her)
	(* τοῖος), τοιόσδε,	(so beschaffen:)
	τοιοῦτος	derartig, solch ein
	(* τόσος),	so groß; Neutr. u.
	* τοσόσδε,	Plur: so viel(e)
	τοσοῦτος	
●	τότε	zu dieser Zeit; damals, dann
	* τοτὲ μὲν ... τοτὲ δέ bald ... bald	
● 458	ἡ ὁδός	Weg [Fw Anode, Synode]
○	ἡ εἴσοδος	Eingang, Eintreten
	† ὁδεύω	gehe, reise
●	† ὁδηγέω (ἄγω)	führe (einen Weg)
● 459	ἀν-οίγω	öffne
	Aor. ἀνέῳξα,	
	† ἤνοιξα	
460	(G: Ϝοικος L: vīcus D: Lw Weichbild):	
	οἶκος u. οἰκίᾱ	1. Haus, Wohnung [Fw Öko-logie]
		2. Familie
	* οἴκοι, * οἴκαδε, zu, nach, von	
	* οἴκοθεν	Hause
	οἰκεῖος	1. Hausgenosse, * vertraut
		* 2. eigen(tümlich), geeignet
○	οἰκέτης	(Haus)sklave
●	οἰκέω	1. intr: wohne
		2. tr: bewohne
●	† οἰκουμένη	die bewohnte Welt, Menschheit [Fw ökumenisch]
	* διοικέω	verwalte [Fw Diözese]
○	† πάροικος	fremd
●	οἰκοδομέω	(er)baue

●	† οἰκοδομή	1. Erbauung
		2. Bau
●	† οἰκονόμος	(Haus)verwalter
○	οἰκονομίᾱ	1. Verwaltung
		† 2. Heilsveranstaltung
461	† οἰκτίρω	bemitleide
○	† οἰκτιρμός	Mitleid, Erbarmen
462	οἶμαι (οἴομαι) DP	meine, glaube
● 463	οἶνος L: vīnum	D: Lw Wein
464	Fut. οἴσω	werde tragen,
	* Verb.-Adj. οἰστέον	bringen
465	οἴχομαι	gehe weg, bin fort
	* ᾤχετο ἄγων	er führte fort
466	ὀκνέω	zögere
○ 467	ὀκτώ L: octō	D: acht
○	ὄγδοος	achter
● 468	ὀλίγος	nur wenig, gering
	* ὀλίγου (sc. δεῖν)	beinahe
	ὀλιγωρέω	achte gering,
	τινός (ὁράω)	vernachlässige etw.
469	(Wz ὀλ(ε)-, ὄλνῡμι > ὄλλῡμι):	
●	ἀπ-όλλῡμι u.	tr: richte zu-
	* διόλλῡμι	grunde, verliere
	Aor. ἀπ-ώλεσα	
●	ἀπ-, * διόλλυμαι	intr: gehe zu-
	Aor. ἀπ-ωλόμην	grunde, verloren
	Pf. ἀπ-όλ-ωλα	
●	† ἀπώλεια	Verderben
○	ὄλεθρος	Verderben, Untergang
● 470	ὅλος (< ὁλϜος)	ganz, vollständig
	L: salvus	[Fw katholisch]
● 471	ὄμνῡμι, † -νύω	schwöre
	Aor. ὤμοσα	
	* Pf. ὀμ-ώμοκα	
○ 472	τὸ ὄναρ,	Traum
	ὀνείρατος	
473	τὸ ὄνειδος	Schmach
○	ὀνειδίζω	schmähe, werfe vor
○	† ὀνειδισμός	Schmähung
474	ὀνίνημι	fördere
	* Fut. ὀνήσω	
	* Aor. ὤνησα	

• 475	τὸ ὄνομα	1. D: *Name*, † Person
	L: *nōmen*	* 2.(grammatisch) Wort
•	(ἐπ-)ὀνομάζω	(be)nenne
○	† εὐώνυμος 2	(euphemistisch) linker
○ 476	ὄνος	Esel
477	(Wz *oqu-* sehen G: ὀπ- L: *oculus* D: *Auge*):	
	Wz ὀπ-	sehen [Fw *Optik*]
•	Fut. ὄψομαι	werde sehen
•	Aor. Pass. ὤφθην	* wurde gesehen; † erschien
	ἡ ὄψις, εως	1. Sehen, Gesicht 2. Aussehen
	τὸ ὄμμα u.	Auge
•	ὁ ὀφθαλμός	
•	† ἐνώπιόν τινος	(angesichts:) vor jmd.
○	† μέτωπον	Stirn
•	πρόσωπον	1. Gesicht † 2. Person
○ 478	ὅπλον	Gerät, Werkzeug; meist Plur: Waffen
479	(Ϝορα- L: *vereor* D: *gewahren*):	
•	ὁράω Pf. ἑώρᾱκα	sehe
•	† τὸ δρᾱμα	Gesicht, Vision [Fw *Panorama*]
○	ἀόρᾱτος 2	unsichtbar
• 480	ὀργή	(heftiger Affekt:) Zorn
•	ὀργίζομαι DP	zürne
481	ὀρέγομαί τινος	(D: *recke* mich:)
	L: *regō*	suche zu erreichen
○ 482	ὀρθός	1. aufrecht, gerade 2. richtig [Fw *Orthographie*]
	(ἐπ-)ανορθόω	richte wieder auf, * verbessere
• 483	ὅρκος	Eid
○	† ὁρκίζω	beschwöre [Fw *Exorzismus*]
	ἐπιορκέω	leiste Meineid, schwöre falsch
484	ὁρμή	Ansturm, Eifer
○	† ἀφορμή	(Ausgangspunkt:) Anlaß, Gelegenheit
○	ὁρμάω	* 1. tr: setze in Bewegung, treibe an 2. intr: = * Med. DP

		(setze mich in Bewegung:) breche auf, stürze los o. ä.
485	ὄρνεον u.	Vogel
	ὄρνις, ῑθος	[Fw *Ornithologe*]
• 486	τὸ ὄρος	(Erhebung:) Berg
487	ὁ ὅρος	(Grenzfurche:) 1. Grenze * 2. Definition
•	† τὰ ὅρια	= *fines*: Gebiet
○	ὁρίζω	begrenze, bestimme, * definiere [Fw *Horizont*]
•	ἀφορίζω	sondere ab, aus; * definiere [Fw *Aphorismus*]
○	† προορίζω	bestimme vorher
○ 488	† ὀρύσσω	grabe
489	(Relativpronomen Wz *jo-/jā* G: ὅς, ὅ/ἥ):	
•	ὅς, ἥ, ὅ	(individuell:) welcher; der
•	ὅστις, ἥτις, ὅτι	1. (generell:) welcher auch immer; jeder, der
	Gen. ὅτου	
	* Dat. ὅτῳ	(† auch individuell)
	* n. Pl. ἅττα	* 2. (indir. Fragepron:) welcher, wer
	* ὁστισοῦν	irgend einer
•	ὅτι	1. Pronomen (auch ὅ τι gedruckt): a) was auch immer; alles, was * b) was (indir. Frage) * c) vor Superl: möglichst 2. zur Konjunktion erstarrt: a) daß (Behauptungssatz; vor dir. Rede nicht übersetzt = ὅτι recitativum) b) weil (Kausalsatz)
	dem Verhältnis ὅς/ὅστις entsprechend:	
	* ᾗ / * ὅπῃ	wie, wo, wohin
•	ὅθεν / * ὁπόθεν	woher
	* οἷ / * ὅποι	wohin
•	οὗ / ὅπου	wo; † wohin
•	ὅτε / ὁπότε	(zu welcher Zeit:) 1. als, * wenn * 2. (selten kausal:) da

● ὅταν / * ὁπόταν   wenn
   b. Konj. u. † Ind.

● ὡς prokl.   wie
   speziell: 1. b. Part. subjektivie-
              rend:
              a) subj. Grund: in der
              Meinung, mit der Be-
              gründung, daß
              * b) vergleichend: als
              ob
              * c) b. Part. Fut. final:
              um zu
              2. vor Superl: mög-
              lichst
              3. vor Zahlwort: etwa,
              ungefähr
   Konjunktion: 1. b. Ind. (* bzw. Opt.):
              a) (behauptend = ὅτι:)
              daß
              b) (kausal = ὅτι:) weil;
              im relat. Anschluß:
              denn
              c) (temporal = ὅτε:) als,
              während, nachdem
              2. b. Konj. (final = ἵνα):
              damit

● ὅπως   wie
   Konjunktion: 1. b. Konj. ohne u. mit
              ἄν final: damit
              * 2. b. Ind. Fut. od. Konj.
              nach „sorgen für": wie,
              daß (* auch im Haupt-
              satz: daß doch ja …!)

● ὥστε   so daß
              1. b. finitem Verb tat-
              sächliche Folge: so daß
              (im relat. Anschluß: da-
              her)
              2. b. Inf. gedachte Folge:
              a) meist explikativ: von
              der Art daß
              b) final: auf daß, damit
* ἅτε b. Part.   weil (obj. Grund)
● οἷος / ὁποῖος   (wie beschaffen:) was für
              ein
* οἷον   1. wie z. B.
              2. b. Part: weil (obj.
              Grund)

* οἷος m. Inf.   von einer Art daß
* οἷός τέ εἰμι   bin imstande
* οἷόν τέ ἐστι   es ist möglich
● ὅσος / * ὁπόσος   wie groß, wieviel
  ὅσῳ … τοσούτῳ   (um wieviel … um so
              viel:) je … desto
○ 490 ὅσιος   * 1. (Handlung:) er-
              laubt, recht
              2. (Person:) fromm
  ἡ ὁσιότης, τητος Frömmigkeit
  ἀνόσιος 2   unheilig, gottlos
491   (odjō > ὄζω rieche, dufte L: odor):
○   † ὀσμή   Geruch, Duft
○ 492 † ἡ ὀσφῦς, ύος Hüfte, Lende
● 493 οὐ (οὐκ, οὐχ   nicht (obj. ver-
    prokl.; οὐχί),   neinend)
    vor Pause οὔ
●   οὔτε – οὔτε   weder – noch
* οὔτε – τε   einerseits nicht – ande-
              rerseits aber wohl
●   οὐδέ   1. (ein vorausgehendes
              οὐ etc. aufnehmend:)
              und nicht, noch auch
              2. (einen einzelnen Aus-
              druck   heraushebend:)
              auch nicht, nicht ein-
              mal (= ne – quidem)
●   οὐδείς (< οὐδ'εἷς) niemand, keiner
○   u. † οὐθείς
* οὐδεὶς ὅστις οὐ   jeder
  Gen. οὐδενὸς
  ὅτου οὐ
  οὐδεὶς … οὐ   (aufhebend:) jeder
●   οὐκ … οὐδέν   (verstärkend:) nichts
○   οὐδέν (Akk.)   in nichts, keineswegs,
              um nichts
●   † ἐξουθενέω   schätze gering, verach-
              te
* οὐδέτερος   keiner von beiden
* οὐδαμοῦ   nirgends
  οὐδαμῶς u.   keineswegs
    * οὐδαμῇ
●   οὐκέτι   nicht mehr (= non iam)
  οὐκοῦν   1. (fragend:) nicht? (er-
              wartete Antwort: Ja)
              2. (folgernd:) also
* οὔκουν   nicht also, jedenfalls
              nicht

	* οὔποτε u.	niemals
●	οὐδέποτε	
●	οὔπω u. οὐδέπω	noch nicht (= nondum)
	* οὐπώποτε	noch nie
● 494	οὖν	1. (anknüpfend:) nun
		2. (folgernd:) also
● 495	οὐρανός	Himmel
○	οὐράνιος u.	himmlisch
●	ἐπουράνιος 2	
● 496	τὸ οὖς, ὠτός	D: Ohr
	L: auris < ausis	[Fw Otologe]
● 497	ὀφείλω	bin schuldig: schulde,
		muß
○	† ὀφειλέτης	Schuldner
	* ὀφλισκάνω	mache mich
	τι od. τινός	schuldig, verwirke
	Aor. ὦφλον	(eine Strafe)
498	τὸ ὄφελος	Förderung, Nutzen
●	ὠφελέω τινά	fördere, nütze, helfe
		jmd.
	ὠφέλεια	Nutzen, Hilfe
	ὠφέλιμος 2	nützlich
● 499	† ὁ ὄφις, εως	Schlange
● 500	ὄχλος	Volksmenge, Masse
		[Fw Ochlokratie]

Π

● 501	παῖς, παιδός	1. Kind (Sohn,
	L: puer	Tochter)
		2. Sklave, Sklavin
●	παιδίον	(kleines) Kind
●	† παιδίσκη	Magd
●	παιδεύω	erziehe: 1. bilde (aus)
		† 2. züchtige
○	παιδεία	* 1. Erziehung, (Aus-)
		Bildung
		† 2. Zucht, Züchti-
		gung
	παιδαγωγός	Erzieher (Sklave, der
		die vornehmen Kinder
		beaufsichtigt u. z. Unter-
		richt begleitet)
		[Fw Pädagoge]
	* παιδοτρίβης	Sportlehrer,
	(τρίβω)	Trainer

	παίζω	spiele, scherze
	* παιδιά	Kinderspiel, Scherz
●	† ἐμπαίζω τινί	treibe meinen Mutwil-
		len mit jmd.
502	(Wz quel- drehen G: πέλομαι sich herum-
	bewegen, πόλος Drehpunkt, Achse = Fw Pol;
	redupl. quequlos > κύκλος Kreis):
●	πάλιν	zurück, wieder(um)
○	πάλαι	(am Ende = in der Fer-
		ne:) 1. vor alters
		2. schon lange, längst
●	παλαιός	alt [Fw Paläographie]
○	κύκλῳ	im Kreise, ringsum
○	† κυκλόω	umgebe, umzingle
●	τὸ τέλος (I)	(Wendepunkt:) Ende,
		Ziel, Zweck
		[Fw Teleologie]
●	τέλειος, τέλεος	vollendet, vollkom-
		men
●	τελειόω	vollende
●	τελέω u. ἐπι-,	vollende
●	† συντελέω	
	διατελέω	harre aus; * m. Part:
		dauernd, fortwährend
	παντελής	vollständig
	τελευτή	Ende
●	τελευτάω	* 1. beende, ende;
		Part: schließlich
		2. (~ das Leben:) sterbe
● 503	παρά	neben
	Präp. b. Gen.	von seiten, von ... her;
		Komp: παραδέχομαι
	b. Dat.	bei; Komp: πάρειμι
	b. Akk.	längs, neben:
		1. zu ... hin; Komp:
		παραδίδωμι, παρέχω
		2. an ... vorbei; Komp:
		παρίημι, u.U. mißach-
		tend: παραβαίνω
		3. im Vergleich zu;
		Komp: παραβάλλω
		4. (über hinaus =) ge-
		gen: παρὰ φύσιν,
		Komp: παράνομος
		* 5. zeitl: während
● 504	ἡ παρθένος	Jungfrau
		[Fw Parthenogenese]
○ 505	παροιμία	1. Sprichwort
		† 2. Rätselrede
		[vgl. Fw Pro-ömium]

● 506 πᾶς, πᾶσα, πᾶν   (mit Artikel:) ganz
       Gen. παντός   (ohne Artikel:) jeder
                    Pl: alle
                    [Fw *Pantheismus*]

●   ἅπᾶς (α copul.)   gesamt
      u. * σύμπᾶς

○   πάντως, * πάνυ,   gänzlich, sehr,
     * παντάπᾶσιν   durchaus
     * τὸ παράπᾶν   gänzlich, überhaupt
     πάντῃ u.   1. überall
      πανταχῇ   * 2. auf jeden Fall
○   πανταχοῦ   überall
●   † πάντοτε   immer
     * παντοῖος u.   mannigfaltig
     * παντοδαπός

● 507 † τὸ πάσχα   Passafest, -lamm,
      (undekl. Fw)   -mahl

   508   (Wz πενθ-/πονθ-, Schwundst. πγθ- > παθ-,
          πάσχω < παθσκω):

●   πάσχω   1. erlebe; * εὖ π. = es
     * Fut. πείσομαι   geht mir gut
     Aor. ἔπαθον   2. (er)leide, erdulde
     Pf. πέπονθα
     τὸ πάθος u.   1. Erleben, Leid(en)
●   τὸ πάθημα   2. Affekt, Leidenschaft
                  [Fw *Pathos, Sympa-*
                  thie]

○   † τὸ πένθος   (Leid:) Trauer
●   † πενθέω τι   traure, klage über etw.
● 509 † πατάσσω   schlage
○ 510 † πατέω   trete
○   † καταπατέω   zertrete
●   περιπατέω   gehe umher, wandle
                  [Fw *Peripatos* =
                  Philosophenschule
                  des Aristoteles]

● 511 πατήρ, τρός   L: *pater* D: *Vater*
     * πάτριος,   väterlich, vom
      πατρικός u.   Vater her(kommend)
      πατρῷος
○   ἡ πατρίς, ίδος   Vaterland, † -stadt
   512   παύω τινά   tr: mache, daß jmd.
     * τινος bzw.   aufhört * mit
     λέγοντα   etw. bzw. zu reden
●   παύομαί τινος   intr: höre auf
     bzw. λέγων   mit etw. bzw. zu reden
                  [Fw *Pause*]

○   ἀναπαύω   tr: lasse ausruhen,
                  † erquicke
○   ἀναπαύομαι   intr: ruhe (mich) aus,
                  * mache eine Pause
○   † ἀνά-,   Ruhe
      † κατάπαυσις

   513   (Wz πειθ-/ποιθ-, πιθ- L: *fīdere, fidēs; foedus*
          Treubund):

●   πείθομαι (DP)   (vertraue mich an:)
                  folge (geistig), gehor-
                  che
●   πείθω   (mache mir gefügig:)
                  überrede, überzeuge
     * ἡ πειθώ, οῦς   Beeinflussung, Über-
                  redung(skunst)
●   Perf. πέποιθα   intr: vertraue
○   † ἡ πεποίθησις   Vertrauen
●   † ἀπειθής   ungehorsam
●   ἀπειθέω   bin ungehorsam
●   ἡ πίστις, εως   1. Vertrauen, Glaube
      (<πιθτις)   2. Treue, * Treuver-
                  sprechen
●   πιστός   1. zuverlässig, treu
                  † 2. vertrauend, gläu-
                  big
●   ἄπιστος 2   1. unglaubwürdig
                  † 2. ungläubig
○   ἀπιστέω   1. glaube nicht, miß-
                  traue
                  † 2. bin untreu
●   ἀπιστίᾱ   1. Unglaube, Miß-
                  trauen
                  † 2. Untreue
●   πιστεύω   1. vertraue, glaube
                  † 2. vertraue an
     * πιθανός   überzeugend,
                  glaubwürdig

● 514 πεινάω   hungere
      (* πεινήω)
● 515 πέμπω   schicke, sende
○   μεταπέμπομαι   (schicke in meinem In-
                  teresse nach jmd:)
                  lasse holen
○   † προπέμπω   geleite, schicke weiter
   516   πένης, ητος   arm [πένομαι mühe
                  mich ab]
     * πενίᾱ   Armut

	πόνος	(mühsame) Arbeit, Mühsal
•	πονηρός	(mühselig:) 1. in schlechtem Zustand 2. schlecht, böse (griech. Adelsethik!)
○	πονηρίᾱ	Schlechtigkeit
○ 517	† πενθερᾷ	(durch Heirat verbunden:) Schwiegermutter
• 518	πέντε L: quīnque	D: fünf
	πέμπτος L: quīntus	fünfter
○	πεντήκοντα	fünfzig [Pfingsten = 50. Tag]

519 (Wz per- durch(dringen) G: περ- mit Erweiterungen L: per, perītus, experīrī, porta D: (er)-fahren, Furt):

•	πέρᾱ(ν) Kompar. περαιτέρω	darüber hinaus, jenseits
○	† διαπεράω	(durchfahre:) setze über
•	περί	(urspr: durch u. darüber hinaus) um
	Präp. b. Gen.	1. betreffs † 2. = ὑπέρ für
	b. Dat.	um
	b. Akk.	1. um ... herum 2. betreffs
	Kompos.	1. um (herum): περιβάλλω 2. über ... hinaus: περιγίγνομαι, in hohem Grade: περιμένω
○	οἱ περί τινα	1. (exklusiv:) die Begleiter jmds. 2. (inklusiv:) jmd. und seine Begleiter
	περιττός	(darüber hinaus liegend:) überschüssig, übermäßig, überflüssig; ungerade
•	(† περισσός)	
•	† περισσότερος	mehr
•	† περισσεύω (Ggs. ὑστερέω)	1. intr: a) bin im Überfluß vorhanden, übrig b) habe Überfluß 2. tr: mache überreich
•	-περ (enkl.) vgl. L: nūper	(„im Übermaß":) hervorhebende Partikel, vgl. καίπερ

•	ὥσπερ	genau wie
○	εἴπερ	wenn wirklich
	τὸ πέρας, ατος	Grenze, Ende, Ziel
	* ἄπειρος 2	unendlich
	(* δια-)περαίνω	vollende, bringe zu Ende
	ἡ πεῖρα	Versuch, Probe
	* ἐμπειρός τινος (Ggs. ἄπειρος) 2	erfahren, kundig [Fw empirisch]
	* ἐμπειρίᾱ	Erfahrung
	πειράομαί τινος DP	versuche
•	† πειράζω	versuche
•	† πειρασμός	Versuchung
•	* πόρος	(Durchgang, Furt:) Weg, Mittel [Fw Poren]
•	ἀπορέω	(bin ohne Mittel u. Wege:) 1. bin in Verlegenheit, ratlos * 2. habe Mangel an (τινός)
	ἀπορίᾱ	1. Ratlosigkeit [Fw Aporie] * 2. Mangel
	(* ἐκ-)πορίζω	verschaffe
•	πορεύομαι DP	gehe, reise o. ä.
○	ἔμπορος	Kauffahrer, Kaufmann
	πόρρω (Adv.) L: porrō	* 1. weiter 2. weit, fern
	πόρρωθεν	von fern her
• 520	† περιστερᾷ	Taube

521 (Wz πετ-/ποτ-, πτ-, πτη-/πτω-, Gutt.-Erw. πτήσσειν sich ducken L: petere, impetus, penna < petna D: Feder):

○	πέτομαι	fliege
•	† πετεινόν	Vogel
•	† ἡ πτέρυξ, υγος	Flügel
•	πίπτω Aor. ἔπεσον (< ἔπετον) Pf. πέπτωκα	falle
•	† ἀναπίπτω	lege mich zu Tisch
•	ἐκπίπτω	1. falle heraus 2. werde vertrieben
○	ἐμπίπτω τινί	gerate in etwas

● † τὸ παράπτωμα Fehltritt, Vergehen,
Sünde

● ποταμός (Sturzbach:) Fluß
[Fw *Mesopotamien*]

● πτωχός (sich duckend:) bet-
telnd; Bettler

● 522 πέτρᾱ Fels [Fw *Petroleum*]

● 523 πηγή Quelle

524 (Wz *pāg-* festmachen L: *pangere*
D: *Fach, fangen*):

πήγνῡμι mache fest
○ † ἡ παγίς, ίδος Schlinge, Falle
● ἅπαξ u. 1. einmal
○ † ἐφάπαξ † 2. ein für allemal
○ 525 † πήρᾱ Ledersack, Ranzen
● 526 † πιάζω (drücke:) ergreife

527 (Wz *peik-* stechen, sticken
L: *pingere*):

πικρός (stechend:) bitter
○ † πικραίνω mache bitter
● ποικίλος bunt, mannigfaltig

528 (Wz *p(e)lē-* füllen, *pelu-* Menge L: *-plēre*,
plēnus, plērīque, plūs D: *füllen, voll, viel*):

πίμπλημί τινος fülle an mit etwas
○ u. ἐμ-
Aor. Pass.
ἐπλήσθην
● τὸ πλῆθος Menge
● † πληθύνω vermehre
● πλήρης voll
● πληρόω mache voll: fülle
(τινός mit), erfülle
● † τὸ πλήρωμα Füllung: Fülle, Voll-
maß
○ † πληροφορέω 1. erfülle
2. erfülle mit
Gewißheit
● πολύς, viel, zahlreich
πολλή, πολύ [Fw *Polytheismus*]
● πολλοί viele
● οἱ πολλοί die meisten, Mehrzahl,
Masse
● Kompar. πλείων, mehr
πλέον
Superl. πλεῖστος meiste
● * πάμπολυς sehr viel

● πολλάκις vielmals, oft
● * πολλαχῇ vielfach
● * πολλαχοῦ vielerorts
○ † πλεονάζω 1. intr: bin reichlich
vorhanden, wachse,
habe reichlich
2. tr: mache reich
○ πλεονεκτέω * 1. habe Vorteil
(ἔχω) 2. suche Vorteil,
übervorteile
● πλεονεξίᾱ Habgier

529 (Wz πι-, πω/πο- L: *bibere, pōtāre*):

● πίνω trinke
Aor. ἔπιον
○ † καταπίνω verschlucke, ver-
Aor. Pass. schlinge
κατεπόθην
● † ποτήριον Trinkbecher, Kelch
● † ποτίζω lasse trinken, tränke
συμπόσιον Trinkgelage

530 (zu Wz *per-* [vgl. πέρᾱ 519],
eig. zum Verkauf ausführen):

○ † πιπράσκω verkaufe
Aor. Pass.
ἐπράθην
● † πόρνος, -η Hurer; Hure
○ † πορνεύω hure, treibe Unzucht
● † πορνείᾱ Hurerei, Unzucht
● 531 † πλανάω führe irre
● πλανάομαι DP irre (umher)
[Fw *Planet*]
● πλάνη Herumirren, Irrtum

532 πλάττω forme, bilde
(<πλαθjω) [Fw *Plastik*]

533 πλατύς breit, weit [Lw *platt*]
○ † ἡ πλατεῖα Straße [Lw *Platz*]
(sc. ὁδός)

○ 534 πλέκω D: *flechte*

535 (Wz πλεϝ- fließen, schwimmen
L: *pluit* es regnet D: *Flut*):

● πλέω fahre zu Schiff
Aor. ἔπλευσα
ὁ πλοῦς Schiffahrt
† Gen. πλοός
● πλοῖον Fahrzeug, Schiff
○ † πλοιάριον Boot

- ὁ († τὸ) πλοῦτος (Flut = reicher Ertrag:) Reichtum
- πλούσιος — reich
- πλουτέω — bin reich
- 536 πλησίον (Adv.) — nahe (bei τινός)
- ὁ πλησίον — Nächster, Mitmensch
- * πλησιάζω — nähere mich
- παραπλήσιος — (nahekommend:) ähnlich
- πλήν — 1. außer (τινός) 2. außer daß = indes, jedoch
- 537 πλήττω, † -σσω — schlage [L: plangere]
- πληγή — 1. Schlag 2. (Folge des Schlags:) Wunde
- ἐκπλήττω — erschrecke; Pass. = Aor. Pass. intr. ἐξεπλάγην
- 538 † πνέω — wehe, hauche (<πνεϝω)
- τὸ πνεῦμα — 1. Hauch, Atem † 2. Geist
- † πνευματικός — geistlich
- 539 † πνίγω — ersticke, erwürge
- 540 * ποθέω u. — ersehne, verlange † ἐπιποθέω
- 541 ποιέω — mache, tue, stelle her, * dichte
- * εὖ ποιέω τινά — tue jmd. Gutes
- * (περὶ) πολλοῦ ποιέομαι — schätze hoch
- ποίησις, εως — 1. Herstellung * 2. Dichtung
- ποιητής — 1. * Hersteller, † Täter L: Fw poēta 2. Dichter
- † περιποιέομαι — erwerbe mir, gewinne
- προσποιέομαι — stelle mich als ob, gebe vor
- 542 ποιμήν, ένος — Hirte [Fw Poimenik]
- † ποιμαίνω — weide, hüte
- † ποίμνη u. — Herde
- † ποίμνιον
- 543 πόλεμος — Krieg [Fw Polemik]
- πολεμέω * τινί, — führe Krieg, kämpfe † μετά τινος(!) gegen jmd.
- * πολέμιος — feindlich; Feind

- 544 ἡ πόλις, εως — (Burg:) Stadt, * Staat
- πολίτης — Bürger, Mitbürger [Fw Politik]
- πολιτεύομαι — * bin Bürger, politisch tätig; † wandle
- πολιτεία — 1. Bürgerrecht 2. Verfassung, Staat
- 545 † πορφύρα — D: Purpurfarbe, -gewand
- 546 ὁ πούς, ποδός — D: Fuß [Fw Antipode] L: pēs, pedis
- * ἐμποδών — hinderlich, im Wege (Adv.) [L: impedīre]
- † ὑποπόδιον — Fußschemel
- ἡ τράπεζα — (Vierfuß:) Tisch [Fw Trapez]
- πεζός — zu Fuß, zu Lande
- πηδάω — springe
- 547 * πρᾷος 2 u. — sanft, gelinde † πρᾶΰς
- * ἡ πρᾳότης u. — Sanftmut † πρᾳΰτης, τητος
- 548 (zu Wz per- [vgl. πέρᾱ 519], eig. durchfahren, ans Ziel bringen):
- πράττω, † -σσω — 1. tr: vollbringe, tue * Aor. Pass. 2. intr: befinde mich, ἐπράχθην es geht mir (z. B. εὖ)
- * πράττομαί τινα — fordere, treibe von jmd. χρήματα Geld ein
- * διαπράττομαι — setze durch, vollbringe
- ἡ πρᾶξις, εως — Tätigkeit, Handlung, Unternehmung
- τὸ πρᾶγμα — Tat(sache), Sache [Fw Pragmatismus]
- * πράγματα ἔχω — habe (mache) (παρέχω) Schwierigkeiten
- πραγματεύομαι — betreibe (ein Geschäft)
- 549 (πρέπειν in die Augen fallen, hervorstechen):
- πρέπει — es ziemt sich
- μεγαλοπρεπής — großartig
- 550 πρεσβύτερος — 1. älter † 2. Ältester [Amtsbezeichnung; Fw Presbyter, Lw Priester]

	πρεσβεύω	* 1. ehre
		2. bin Gesandter
551	* Aor. πρίασθαι	(einen Kauf abschließen:) kaufen
● 552	πρό L: prō	vor(an)
	Präp. b. Gen.	1. vor
		2. vor = mehr als
	Kompos.	1. vor(wärts): προάγω
		2. vor(her): πρόγονος
		3. in d. Öffentlichkeit: προφήτης
		4. vor = mehr als: προαιρέομαι
	Kompar.	
	πρότερος	früher
●	πρότερον (= Adv.)	früher, eher
●	Superl. πρῶτος	erster
		[Fw Protoplasma]
●	πρῶτον (= Adv.)	zuerst
●	* πρῴ, † πρωΐ	D: früh(morgens)
●	* πρόσθεν u.	1. vorn, * vorher
	ἔμπροσθεν	2. vor (τινός)
●	πρίν m. Inf.	bevor
	(nach neg. Hauptsatz auch verb. finitum)	
● 553	πρός	
	* Adv.	dazu
	Präp. b. Gen.	* von ... her; auf seiten
	b. Dat.	1. bei, an
		* 2. zu ... hinzu
	b. Akk.	zu ... hin († auch: bei), gegen, im Hinblick auf
	Kompos.	1. bei: προσκαρτερέω
		2. zu ... hinzu: προστίθημι
		3. zu ... hin: προσφέρω
● 554	† πτύω L: spuō	D: spucke
555	πυκνός	dicht (gedrängt), häufig
● 556	† πύλη	Tor [Fw Propyläen]
●	† ὁ πυλών, ῶνος	Tor(raum), -gebäude
557		(Wz πευθ-, πυθ-):
●	πυνθάνομαί τινός τι	1. (infektiv:) erfrage, will erfahren
	Aor. ἐπυθόμην	2. (konfektiv:) erfahre von jmd. etwas
● 558	τὸ πῦρ	D: Feuer
○	† πυρόω	brenne, verbrenne
○	† πυρετός	Fieber [Fw Pyramidon]

● 559	πωλέω	verkaufe; πολλοῦ teuer [Fw Monopol]
● 560	πῶλος	D: Fohlen, Füllen
○ 561	† πωρόω	(versteinere:) verhärte, [πῶρος Tuffstein] verstocke

P

562	ῥᾴδιος	leicht
	* Kompar. ῥᾴων	
	* Superl. ῥᾷστος	
○ 563	† ῥαντίζω	besprenge
○ 564	† ῥαπίζω	schlage (m. d. Stock, d. Hand)
●	† ἡ ῥάβδος	Rute, Stock, Stab
565		(Wz srew- fließen D: Strom):
	ῥέω (< ῥεϜω)	fließe [Fw Katarrh]
	Aor. ἐρρύην	
	* τὸ ῥεῦμα	Fluß
	* ῥυθμός	(geregelte Bewegung:) Rhythmus
○ 566	ῥήγνῡμι u. δια- † ῥήσσω	zerreiße 1. = ῥήγνῡμι 2. werfe nieder
● 567	ἡ ῥίζα L: rādīx (< vrādīx)	D: Wurzel, † Wurzelsproß
● 568	ῥίπτω u. -έω	werfe
○ 569	† ῥομφαία	(großes u. breites) Schwert
● 570	† ῥύομαι	schütze, rette
○ 571	† ῥύπος	Schmutz
572	ῥώννῡμι	stärke
	Perf. ἔρρωμαι	bin stark; Imp. = leb(t) wohl!
	* ῥώμη	Stärke, Kraft
○	† ἄρρωστος 2	(kraftlos:) krank

Σ

● 573	† σαλεύω	bewege hin u. her, bringe ins (Sch)wanken [urspr. Seemannssprache]
● 574	† ἡ σάλπιγξ, γγος	Trompete
●	† σαλπίζω	trompete

575		(σήπομαι faule Fw *Sepsis*):			σῑτίον	(aus Korn gewonnene) Speise
○	† σαπρός	faul, verfault		587		(Wz *sqand-* aufschnellen G: σκανδάληθρον Stellholz in der Falle, das bei Berührung der Lockspeise losschnellt L: *scandere*):
●	576	ἡ σάρξ, σαρκός	Fleisch [Lw *Sarg* < σαρκοφάγος = Fw *Sarkophag*]			

○	† σαρκικός	fleischlich		●	† σκάνδαλον	1. Falle
	† σάρκινος	fleischern				2. Anlaß zur Sünde
577	σαφής	deutlich, klar				3. Anstößiges, Ärgernis [Fw *Skandal*]
○ 578	σβέννῡμι	lösche aus [Fw *A-sbest*]		●	† σκανδαλίζω	1. verführe zur Sünde
● 579	σέβομαι	verehre (in religiöser Scheu)				2. ärgere
				588		(Wz *spek-* spähen G: umgestellt σκεπ- L: *specere, spectāre* D: *spähen*):
○	εὐσεβής	(das Göttliche beachtend, bes. die Erfüllung der kultischen Pflichten:) fromm		*	σκέπτομαι	betrachte, * überlege, † achte auf etw. [Fw *Mikroskop*]
				○	u. σκοπέω	
●	εὐσέβεια	Frömmigkeit		*	σκέψις, εως	Betrachtung, Untersuchung
	εὐσεβέω	bin, handle fromm († τινά gegenüber jmd.)			σκοπός	(anvisiertes) Ziel (scopus)
○	ἀσεβής	gottlos				
○	ἀσέβεια	Gottlosigkeit		●	ἐπισκέπτομαι	1. betrachte, * untersuche
	ἀσεβέω	bin, handle gottlos				† 2. besuche, suche heim
○	σεμνός (< σεβνος)	ehrwürdig				
● 580	† σείω	(schüttle:) erschüttere		○	ἐπίσκοπος	Aufseher, † *Bischof* (Lw)
●	† σεισμός	Erschütterung, Erdbeben [Fw *Seismograph*]		● 589	τὸ σκεῦος	Gerät; † Gefäß
				●	κατα-, παρα- σκευάζω	bereite zu, richte ein
● 581	σελήνη	Mond [τὸ σέλας Glanz]		○	παρασκευή	* Zurüstung, Einrichtung; † Rüsttag
582	τὸ σῆμα	1. Zeichen * 2. Grabmal		● 590	† σκηνή u.	Zelt
○	σημαίνω	zeige an [Fw *Semantik*]			† τὸ σκῆνος	[Bühne = Fw *Szene*]
●	σημεῖον	Zeichen		●	† (κατα-)σκηνόω	(schlage ein Zelt auf:) wohne
583	τὸ σθένος	Kraft		○ 591	σκιά	Schatten
●	ἀσθενής (α priv.)	(ohne Kraft:) 1. schwach † 2. krank		○	† ἐπισκιάζω	be-, überschatte
				● 592	σκληρός	hart [Fw *Arteriosklerose*]
●	ἀσθένεια	Schwachheit, Krankheit [Fw *Neurasthenie*]		○	† σκληρύνω	verhärte
●	ἀσθενέω	bin schwach, krank		● 593	† (δια-)σκορπίζω	zerstreue
584	σῑγή (< σϝιγ-)	D: *Schweigen*		● 594	ὁ (τὸ) σκότος	Dunkelheit, Finsternis [D: *Schatten*]
●	σῑγάω u.	1. schweige			u. † ἡ σκοτίᾱ	
●	† σιωπάω	2. verschweige		○	† σκοτίζομαι	werde finster
585	σίδηρος (Fw)	Eisen		● 595	σοφός	(Könner:) 1. geschickt, klug, * schlau
○	σιδηροῦς	eisern				2. weise
● 586	σῖτος	(Weizen:) Getreide, Brot [Fw *Parasit*]				

●	σοφίᾱ	(Meisterschaft:)
		* 1. Kenntnis, Klug-
		heit, Schlauheit
		2. Weisheit
	φιλόσοφος 2	nach Erkenntnis
		strebend; *Philosoph*
	* σοφιστής	(Lehrer d. Lebens-
		weisheit:) *Sophist*
○ 596	σπάω	ziehe
597	(Wz σπερ-/σπορ-, σπρ̥ > σπαρ-):	
●	σπείρω	streue, säe
	Aor. Pass.	
	ἐσπάρην	
●	τὸ σπέρμα	1. Same
		† 2. Nachkommen-
		schaft
○	† σπόρος	Saat, Same
○	διασπείρω	zerstreue
		[Fw *Diaspora*]
○ 598	σπεύδω	1. eile, beeile mich
		2. betreibe eifrig
●	σπουδή	† 1. Eile
		2. Eifer, Ernst
○	σπουδαῖος	† 1. eilig
		2. eifrig, ernst
●	σπουδάζω	betreibe ernsthaft,
		meine es ernst (mit
		etw.)
○ 599	† σπίλος	Schmutzfleck
● 600	† τὰ σπλάγχνα	Eingeweide,
		(übertr:) Herz
●	† σπλαγχνίζομαι	erbarme mich
601	(Wz στελ-/στολ-, στλ̥ > σταλ L: *(st)locus*	
	D: *Stelle, be-stellen, Stollen, Stall*):	
	στέλλω	1. stelle fertig, rüste aus,
		(zur Abreise =) entsende
		2. stelle zurück, hemme
		(κατα-, συ-, ὑπο-)
○	† στολή	(Ausrüstung:)
	L: Lw *stola*	Kleid(ung)
●	† ἀποστέλλω	sende ab
●	† ἀπόστολος	Abgesandter, *Apostel*
○	† διαστέλλομαι	ordne an
	ἐπιστέλλω	trage auf; teile
		(brieflich) mit
●	ἐπιστολή	Brief [Fw *Epistel*]
	L: Lw *epistula*	

○ 602	† στενάζω	D: *stöhne*; seufze
603	στενός	eng [Fw *Stenographie*]
○	† στενοχωρίᾱ	Enge, Bedrängnis
604	στέργω	1. liebe
		* 2. bin zufrieden
○ 605	στερεός	D: *starr*; fest, † stand-
		haft
●	† στηρίζω	mache fest, stark,
		beständig
○ 606	(ἀπο-)στερέω	beraube
	* στέρομαι	bin beraubt
● 607	στέφανος	Kranz
	στεφανόω	bekränze
○ 608	τὸ στῆθος	Brust
609	(στείχειν [in Ordnung] einherschreiten	
	D: *steigen*):	
○	† στοιχέω	(gehe, stehe in Reih und
		Glied:) folge, halte
		mich an etwas
○	στοιχεῖον	* 1. Buchstabe
	(meist Plur.)	2. Element
● 610	τὸ στόμα	Mund
611	(στρατός Schar, Kriegerschar):	
○	στρατεύω	tue Kriegsdienst,
	u. Med.	ziehe zu Felde
	στρατείᾱ	Feldzug
○	† τὸ στράτευμα	Heer
●	στρατιώτης	Soldat
●	στρατηγός	* 1. Heerführer
	(ἄγω)	† 2. Prätor
	στρατόπεδον	Heer(lager)
612	(Wz στρεφ-/στροφ-, στρφ̥ > στραφ-):	
●	στρέφω	drehe, wende
	Aor. Pass.	[Fw *Strophe*]
	ἐστράφην	
○	ἀναστρέφω	1. tr. u. intr: kehre um
		† 2. Pass: führe ein Le-
		ben, „wandle"
●	† ἀναστροφή	Lebenswandel
○	διαστρέφω	verdrehe
●	† ἐπιστρέφω	1. tr: wende hin
		2. intr. u. Pass:
		wende mich hin,
		bekehre mich
○	† καταστρέφω	tr: stürze um
		[Fw *Katastrophe*]
	μεταστρέφω	tr: drehe, kehre um

● † ὑποστρέφω intr: kehre um, zurück

○ 613 † στρώννῡμι, -ύω breite aus

614 (L: tū G: σύ nach σέ <τϝε):

● σύ L: tū D: du
σοῦ, σοί, σέ
(auch enkl.)

● σός dein
τοι (enkl.) (urspr. dat. ethic. „dir“:)
(vgl. καίτοι, doch, fürwahr
μέντοι)
τοίνυν also

615 † σῦκον (Lw) Feige
● † ἡ σῡκῆ Feigenbaum

● 616 σύν (* ξύν) (zusammen) mit
Präp. b. Dat. mit
Kompos. zusammen, mit:
συνάγω, συγγενής,
συλλαμβάνω, σύμμα-
χος, συστρατιώτης

○ 617 † σύρω schleppe, schleife
618 * συχνός (dicht gedrängt:)
zahlreich, lang

619 σφάλλω 1. bringe zu Fall
2. täusche
○ ἀσφαλής (unerschütterlich:)
sicher
ἀσφάλεια Sicherheit
● 620 σφάττω schlachte
621 σφοδρός heftig
● σφόδρα (Adv.) heftig, sehr
● 622 † ἡ σφρᾱγίς, Siegel
ῖδος
● † σφρᾱγίζω versiegle
● 623 σχίζω spalte
[Fw Schizophrenie]
○ † τὸ σχίσμα Spaltung, Riß
[Fw Schisma]
● 624 τὸ σῶμα Leib, Körper
625 (σαϝο >σω-, σῴζω <σω-ιδ-jω):

* σῶς 2 heil, unversehrt
σῴζω u. δια- (erhalte unversehrt:)
rette, bewahre
● σωτήρ, ῆρος Retter, † Heiland
● σωτηρίᾱ Rettung, Heil
○ † σωτήριος 2 rettend, heilbringend

T

626 (Wz tel- tragen G: ταλάσσαι, τλῆναι ertragen
L: tuli, (t)lātus, tolerāre D: dulden):

Wz ταλα- (er)tragen
○ ταλαίπωρος 2 (Mühsal ertragend:)
elend, unglücklich
● τολμάω nehme es auf mich,
wage
● † ἀνα-τέλλω (hebe auf:)
1. intr: gehe auf
(meist v. Gestirnen)
2. selten tr: lasse aufge-
hen
● † ἀνατολή Aufgang (bes. d. Sonne),
Osten [Fw Anatolien]
● † ἐντέλλομαι (lade auf:) trage auf, befehle
● † ἐντολή Befehl, Gebot, Gesetz
τὸ τέλος (II) (Bürde:) Abgabe,
Steuer, Zoll
τελέω bezahle
● † ὁ τελώνης Zolleinnehmer
πολυτελής (mit viel Aufwand
verbunden:) kostbar
● 627 † ταπεινός niedrig, demütig
● † ταπεινόω erniedrige, demütige
● 628 ταράττω, † -σσω verwirre
Aor. Pass.
ἐταράχθην

● 629 τάττω, † -σσω 1. stelle in bestimm-
Aor. Pass. ter Ordnung auf,
ἐτάχθην, ordne
† auch ἐτάγην 2. ordne an, befehle
Pf. Pass. τέταγμαι
○ ἡ τάξις, εως Ordnung (*militär:
Abteilung, Front)
[Fw Syntax]
○ † ἀποτάσσομαι entsage, nehme
Abschied von
● δια-, ἐπι-, προσ- ordne an, befehle
τάττω
○ † ἐπιταγή Anordnung, Gebot
● † ὑποτάσσω ordne unter
○ 630 τὸ τάχος Schnelligkeit
ταχύς schnell
Kompar.
* θάττων
Superl. τάχιστος

● Adv. ταχέως u.   schnell
● ταχύ
    † Kompar.
    τάχιον
    τάχα (Adv.)   * 1. schnell, bald
                  2. vielleicht

● 631 τε enklit. L: -que und
●   τε ... καί   = καὶ ... καί 300
○   u. τε ... τε

632 (Wz τεν-/τον-, τῃ > τα- L: tendere, tenuis
        D: dehnen, dünn):

    τείνω   1. tr: spanne, dehne
    * Aor. Pass.   aus
    ἐτάθην   *2. intr: erstrecke
    * Pf. Pass.   mich, bin gerichtet
    τέταμαι   auf

● ἐκτείνω   strecke aus
○ † ἐκτενής   angespannt,
                  beharrlich
● † ἀτενίζω   sehe gespannt auf
    (α copul.)   jmd.

○ 633 τὸ τεῖχος   Mauer (urspr. aus
                  Lehm; D: Teig)

634 * τεκμαίρομαι folgere, schließe
    τεκμήριον   Beweis

635 τέκτων, ονος (Bauhandwerker:) Bau-
                  meister [Fw Architekt]
○ τέχνη   1. Kunstfertigkeit,
                  Handwerk
                  * 2. Fachkenntnis
    * ἀτεχνῶς (Adv.) (ohne weiteres:)
                  geradezu

636 | (Wz τεμ-/τομ-, τμη-):

    τέμνω   schneide
    Aor. ἔτεμον
    τομή   Schnitt [Fw Anatomie]
● † περιτέμνω   beschneide
● † περιτομή   1. Beschneidung
                  2. die Beschnittenen

● 637 τὸ τέρας, ατος Wunder

638 * τέτταρες,   D: vier
    † τέσσαρες
    L: quattuor
    τέταρτος   vierter
    L: quartus
    * τετταράκοντα, vierzig
    † τεσσερά-

639 τήκω   schmelze
                [L: tābēs D: tauen]

● 640 † τηρέω   beobachte, bewahre
○   † παρατηρέω beobachte genau
641 (Wz θη-, θε- an eine Stelle bringen
    L: ab-, con-, per-dere G: ἔθηκα=
                L: fēcī D: tun, Tat):

● τίθημι   setze, stelle, lege,
    Aor. Akt.   mache zu etwas
    ἔθηκα
    Aor. Pass.
    ἐτέθην
    * ἡ θέσις, εως Setzung, Satz
                  [Fw These]
● † ἀθετέω   erkläre für ungültig,
    (α priv.)   erkenne nicht an
    ἀνατίθημι   * 1. Akt: stelle auf,
                  weihe
                  2. Med: † lege vor;
                  * stelle meine Meinung
                  um
○ † τὸ ἀνάθεμα (das der Gottheit Über-
                  antwortete:) d. (Ge-
                  weihte bzw.) Verfluch-
                  te
○ † ἀποτίθημι lege ab, beiseite
○ διατίθημι   1. * ordne; † Med:
    = dispōnō   ordne an, verfüge (bes.
                  testamentarisch)
                  * 2. m. Adv: versetze in
                  einen Zustand (Stim-
                  mung)
● † διαθήκη   Verfügung, Testament
● ἐπιτίθημι   1. lege (dar) auf, füge
                  zu
                  2. Med. τινί: greife an
○ μετατίθημι stelle um, ändere
● παρατίθημι 1. setze vor, lege vor
                  † 2. Med: vertraue an
● † πρόθεσις, εως 1. Ausstellung
                  2. Vorsatz, Ratschluß
● προστίθημι füge hinzu
    συντίθημι   * 1. setze zusammen,
                  verfasse [Fw Synthese]
                  2. Med: vereinbare
    * θαμά (Adv.) oft, häufig
● † θεμέλιος   Grundstein,
    Pl. -οι u. -α   Fundament
○ † θεμελιόω   gründe

642 (Wz τεκ-/τοκ-, τίκτω <τι-τκ-ω):

- τίκτω — erzeuge; gebäre
  Aor. ἔτεκον
- τέκνον — Kind
- ○ † τεκνίον — Kindlein
- ○ † πρωτότοκος — erstgeboren

643 (Wz quei- schätzen; strafen, büßen G: τι-, ποινή = L: Lw poena = D: Lw Pein):

- τίνω u. * ἐκ- — bezahle, büße
- τῑμή — 1. (Einschätzung:) Preis, Wert; * Strafe
  2. (Wertschätzung:) Ehre, Amt (= Ehrenstellung)
- τίμιος u. — wertvoll, geehrt
- ○ ἔντῑμος 2
- ○ ἄτῑμος 2 — ehrlos, verachtet
- ○ ἀτῑμίᾱ — Entehrung, Schmach
- ○ ἀτῑμάζω — entehre, verachte
- τῑμάω — 1. schätze ab
  2. ehre
- ἐπιτῑμάω — werfe vor; tadle (τινί)
  φιλοτῑμέομαι — suche meine Ehre in; * bin ehrgeizig
  τῑμωρέω — 1. τινά: bestrafe;
  (ὁράω) — * τινί: helfe (rächend)
  * 2. Med: räche mich an jmd. (τινά)

644 (Wz qui- L: quis, quid G: τίς, τί Wz que-/quo- L: quod G: τεο >τοῦ/πο-):

- τίς; τί; — subst: wer? was?
  Gen. τίνος; — adj: welcher?
  * τοῦ; — welches?
  Dat. τίνι; * τῷ;
- τί; (Akk. > Adv.) — warum? wozu?
- τις, τι (enkl.) — subst: jemand, etwas
  * n. Plur. ἄττα — adj: irgendein, ein gewisser
  εἶναι, * λέγειν τι — etwas Bedeutendes sein, * sagen
- τι (Akk. > Adv.) — irgendwie († nur in μήτι)
  dem Verhältnis τίς/τις entsprechend:
- * πῇ; / * πη — wie? wohin?/ irgendwie
- πόθεν; / *ποθέν — woher? / irgendwoher
  * ποῖ; / * ποι — wohin? / irgendwohin

- ποῦ; — wo? † auch wohin?
  που (enkl.) — 1. irgendwo * 2. wohl
- πότε; — wann?
- ποτέ (enkl.) — 1. irgendeinmal
  *2. in d. Frage: eigentlich
- πῶς; / πως — wie?/irgendwie († nur verstärkend in εἴπως, μήπως)
- ποῖος; u. — (wie beschaffen:)
- ○ † ποταπός; — was für ein?
- πόσος; — wie groß? wie viel?
  (*) πότερος; — wer (welcher) von beiden?
  πότερον(*-ρα)... ἤ — * 1. dir. Frage: – ... oder?
  2. indir. Frage: ob ... oder ob

645
- * τιτρώσκω — verwunde
  τὸ τραῦμα — Wunde [Fw Traumaplast]

● 646
- τόπος — Ort, Stelle [Fw Topographie, Utopie]
  ἄτοπος 2 — (nicht an seinem Ort:) ungewöhnlich, auffallend (z. B. unlogisch, unziemend)

- ○ 647 † τράχηλος — Hals, Nacken
- ● 648 τρεῖς, τρία — D: drei
  L: trēs, tria
- τρίς — dreimal
- τρίτος — dritter
- τριάκοντα — dreißig

649
- τρέμω L: tremō — zittere
- ○ † τρόμος — Zittern, Beben

650 (Wz τρεπ-/τροπ-, τρπ- >τραπ-):
- ○ τρέπω — wende [Fw Tropen]
  * Aor. ἐτραπόμην — intr: wandte mich
  τρόπος — 1. Art und Weise
  2. Charakter
- ○ † ἐντρέπομαι — werde beschämt;
  (Pass.) — scheue mich vor (τινά)
  Aor. ἐνετράπην
  ἐπιτρέπω — (wende zu:) überlasse, gestatte
  ἐπίτροπος — Verwalter, Vormund

	προτρέπω	treibe vorwärts, an; veranlasse		

651	(Wz θρεφ-/θροφ-, θρφ- > θραφ-):	
●	τρέφω	(mache dick:) 1. ernähre 2. ziehe auf
●	τροφή	1. Nahrung * 2. Ernährung, Pflege
	ἡ τροφός	Amme
● 652	τρέχω	laufe
	τροχός	(„Läufer“:) Rad
653	τρίβω	reibe [L: terō, trīvī]
○	διατρίβω	(verbringe die Zeit:) verweile
	* διατριβή	Zeitvertreib: Beschäftigung, philosophische Erörterung
○	† συντρίβω	zerbreche
○ 654	† τρώγω	(zernage:) esse
655	(Wz τευχ-, τυχ-):	
●	τυγχάνω	1. τινός treffe, erlange
	* Fut. τεύξομαι	etw. (Ggs. ἁμαρτάνω)
	Aor. ἔτυχον	2. es trifft sich, daß ich m. Part: gerade, zufällig, etwa, –
○	ἐν-, * περιτυγχάνω τινί	* 1. treffe auf, begegne jmd. † 2. bitte
	ἐπιτυγχάνω	* 1. τινί, τι: treffe auf 2. τινός, τι: erlange etwas
	ὁ (* ἐπι-)τυχών	der erste beste
	* τύχη	(Glücks)zufall, Schicksal
	* εὐτυχής (Ggs. * δυστυχής)	glücklich
	* εὐτυχέω (Ggs. * δυστυχέω)	habe Glück, bin glücklich
	* εὐτυχίᾱ (Ggs. * ἀτυχίᾱ, * δυστυχίᾱ)	Glück
● 656	τύπτω	schlage
●	τύπος	1. Gepräge, Gestalt; † Spur † 2. (Vor)bild, „Typus“
657	* τύραννος (Lw)	unumschränkter Herrscher

	* ἡ τυραννίς, ίδος	Allein-, Gewaltherrschaft
658	(urspr. umnebelt s. θύω D: taub):	
●	τυφλός	blind

Y

659	ἡ ὕβρις, εως	(Überschreiten des richtigen Maßes:) * Übermut, Frevel; † Mißhandlung
○	ὑβρίζω	* bin übermütig, frevle; † mißhandle
	ὑβριστής	* 1. übermütig 2. Frevler
660	ὑγρός	feucht, naß [Fw Hygrometer]
● 661	τὸ ὕδωρ, ὕδατος	D: Wasser [Fw hydraulisch]
○ 662	† ὑετός	Regen
● 663	υἱός u. * ὑός * Gen. auch υ(ἱ)έος	D: Sohn
● 664	ὑμεῖς ὑμῶν, ὑμῖν, ὑμᾶς	ihr
●	ὑμέτερος	euer
○ 665	ὑμνέω	(be)singe, preise [Fw Hymnus]
● 666	ὑπέρ L: super Präp. b. Gen. b. Akk.	D: über * 1. über 2. im Interesse von = für; selten = περί betreffs über ... hinaus; Kompos. ὑπερβάλλω
○	ὑπερήφανος 2	1. überheblich * 2. hervorragend
● 667	ὑπηρέτης ὑπηρετέω	(Ruderknecht:) Diener diene, helfe
668	(Wz swep- schlafen L: sopor; somnus < sopnus):	
○	ὕπνος ἐνύπνιον	Schlaf [Fw Hypnose] (im Schlaf auftretend:) Traum
● 669	ὑπό L: sub Präp. b. Gen.	unter * 1. (selten:) unter 2. unter der Einwirkung von; b. Pass: von

	* b. Dat.	unter
	b. Akk.	unter
	Kompos.	unter: ὑπόδημα, -μένω
		etwas: ὑπόκωφος
● 670	ὕστερος	1. später, folgend
	* Superl.	† 2. letzter
	ὕστατος	
●	ὑστερέω	1. komme zu spät, stehe nach (τινός)
	(Ggs. περισσεύω)	† 2. fehle; Med. (Aor. Pass.): leide Mangel
○	† τὸ ὑστέρημα	Mangel
671		(Adv. ὕψι in der Höhe, oben):
○	τὸ ὕψος	Höhe [Fw Isohypsen]
●	† ὕψιστος	höchster
●	† ὑψόω	erhöhe
●	ὑψηλός	hoch

Φ

● 672	Aor. φαγεῖν	essen
	Ind. ἔφαγον	[Fw Sarkophag]
	† Fut. φάγομαι	
○ 673	φαίνω	1. tr: mache sichtbar, zeige
	* Aor. ἔφηνα	† 2. intr: scheine = leuchte
●	φαίνομαι DP	1. erscheine, werde offenbar (m. Part.)
	Aor. ἐφάνην	[Fw Phänomen]
		2. scheine (m. Inf.)
	* ἀποφαίνω	(mache sichtbar:)
	u. Med.	zeige; lege dar
	ἀφανίζω	mache unsichtbar (ἀφανής), vernichte
●	† ἐμφανίζω	offenbare, zeige an
○	† ἡ ἐπιφάνεια	Erscheinen [Fw Epiphanias]
	* καταφανής	sichtbar, deutlich
○	ἡ πρόφασις, εως	Grund, Vorwand
●	φανερός	sichtbar, offenbar
●	† φανερόω	mache offenbar, bekannt
●	τὸ φῶς, φωτός	Licht [Fw Phosphor, Photographie]
●	† φωτίζω	be-, erleuchte

674	φάρμακον	Heilmittel, Gift [Fw Pharmazeut]
○ 675	φαῦλος	minderwertig, schlecht
● 676	φείδομαί τινος	schone, spare
677		(Wz bher- infektiv-durativ: tragen L: ferō D: Bahre, fruchtbar):
●	φέρω u. φορέω	trage
	vgl. οἴσω, ἐνεγκεῖν	
	* φέρε	= ἄγε wohlan!
	φέρομαι DP	eile, stürze
○	† φορτίον	Last
●	διαφέρω τινός	intr: unterscheide mich von; zeichne mich aus vor
	οὐδὲν διαφέρει	es macht keinen Unterschied, ist einerlei
	* διαφερόντως (Adv.)	besonders; τινός od. ἤ: im Unterschied zu = mehr als
	* διαφέρομαί τινι DP	entzweie mich, streite mit jmd.
	διάφορος 2	verschieden; * feindlich, † vorzüglich
	* διαφορά	Unterschied; Streit
●	προσφέρω	bringe herbei, † br. dar
○	† προσφορά	1. Darbringung (des Opfers) 2. Opfergabe
●	συμφέρει	(es trägt sich zu:) es ist zuträglich, nützt
	* συμφορά	Ereignis, Unglück
● 678	φεύγω L: fugiō	1. fliehe, meide
	Aor. ἔφυγον	* 2. bin angeklagt wegen (τινός) * 3. bin verbannt
	φυγή L: fuga	1. Flucht * 2. Verbannung
○	ἀπο-, ἐκφεύγω τινά	entfliehe, entkomme
679		(Wz φη-, φα- L: fārī, fatērī D: bannen):
●	φημί u. φάσκω	1. sage (ja), behaupte 2. meine (mit meiner Behauptung)
	σύμφημι	stimme zu, bejahe
	φήμη L: fāma	Kunde, Ruf

*	εὐφημέω	(sage Worte von guter Vorbedeutung u. vermeide das Gegenteil:) schweige, bin still
●	προφήτης	Verkünder, *Prophet*
●	† προφητεύω	bin Prophet, verkündige die Gottesoffenbarung
●	φωνή	1. Laut, Ton 2. (meist) Stimme 3. Sprache [Fw *Mikrophon*]
●	† φωνέω	rufe
○	συμφωνέω	stimme überein
○ 680	φθάνω Aor. * ἔφθην u. ἔφθασα	1. komme jmd. (τινά) zuvor; * m. Part. † 2. gelange hin
○ 681	φθέγγομαι φθόγγος	(gebe einen Laut von mir:) rede, spreche aus (Laut:) Schall, Stimme [Fw *Diphthong*]
682		(Wz φθερ-/φθορ-, φθϱ- > φθαρ-):
●	φθείρω u. δια- Aor. Pass. ἐφθάρην	verderbe, vernichte
●	(δια-)φθορᾷ	Vernichtung, Verderben, Untergang
●	† φθαρτός	vergänglich
○	† ἀφθαρσίᾱ	Unvergänglichkeit
○ 683	φθόνος φθονέω τινί	Neid, Mißgunst mißgönne: 1. beneide * 2. enthalte vor (τινός etwas)
	* ἄφθονος 2	(ohne Neid:) 1. neidlos 2. reichlich
● 684	† φιάλη	Schale
● 685	φίλος * Superl. φίλτατος	lieb, freundlich; Freund
●	φιλέω	1. liebe 2. küsse
○	† τὸ φίλημα φιλίᾱ	Kuß Freundschaft, (fürsorgliche) Liebe
○ 686	† φῑμόω	verschließe mit einem Maulkorb: mache verstummen

○ 687	† ἡ φλόξ, φλογός	Flamme [L: *flagrāre, fulgēre*]
688	φλυᾱρέω	schwätze, fasele
● 689	φόβος ἄφοβος 2	(eig. Flucht:) Furcht furchtlos
●	φοβέομαι DP φοβερός	fürchte (μή daß) 1. furchtbar * 2. furchtsam
690	* φοιτάω	komme (gehe) häufig
○ 691	φόνος	Mord, Totschlag
○	φονεύς	Mörder
●	† φονεύω	morde, töte
○ 692	† φράσσω Aor. Pass. ἐφράγην	schließe ein, verstopfe
693	ἡ φρήν, φρενός	(Pl: Zwerchfell = Sitz von Denktätigkeit u. Seelenregungen:) Denken o. ä. [Fw *Schizophrenie*]
●	φρονέω	denke, habe Einsicht
●	* μέγα φρονέω	bin stolz
●	καταφρονέω τινός	verachte jmd.
●	ἡ φρόνησις, εως	Denken, Einsicht
●	φρόνιμος 2	verständig, klug
●	φροντίζω τινός	kümmere mich um etw.
●	ἄφρων	unverständig, unbesonnen
●	ἀφροσύνη	Unverstand, Unbesonnenheit
○	σώφρων (σῶς)	(mit gesundem Verstand:) besonnen
○	σωφρονέω	bin besonnen, vernünftig
●	σωφροσύνη	Besonnenheit
●	† εὐφραίνω	erfreue
●	φράζω	(gebe zu erkennen:) * 1. sage [Fw *Phrase*] † 2. deute
694	φύλαξ, ακος	Wächter
●	φυλάττω, † -σσω	bewache, bewahre [Fw *prophylaktisch*]
	φυλάττομαί τινα	hüte mich vor jmd.
●	φυλακή	1. Wache; * Bewachung, Bewahrung

67 χίλιοι 709

† 2. („Wache":) Ge-
fängnis

o 695 † φυσιόω mache aufgeblasen
[ἡ φῦσα Blasebalg]

696 (Wz φυ- L: fuī, futūrus, super-bus D: bin):

φύω 1. tr: lasse wachsen,
bringe hervor
† 2. intr. = φύομαι

φύομαι intr: (wachse)
Aor. * ἔφῦν entstehe
† ἐφύην
* Perf. πέφῦκα intr: bin so (von Natur)
● ἡ φύσις, εως Natur
* φυτόν Gewächs, Pflanze
● φυτεύω pflanze
● φῦλή Stamm, * Gemeinde

X

● 697 χαίρω (ἐπί) τινι freue mich über
† Aor. ἐχάρην etwas
Imper. u. Inf. = Grußformel
χαίρω ἀκούων freue mich zu hören =
höre (D:) gern
* χαίρειν ἐάω lasse fahren, lasse gut
sein, verzichte auf
† χαρά Freude
● ἡ χάρις, ιτος 1. Anmut
Akk. χάριν 2. Gunst, † Gnade
3. Dank
χάριν ἔχω bin dankbar
o ἀνθρώπου χάριν hominis gratiā: um
... willen, wegen
* χαρίεις, εντος anmutig, reizvoll
● χαρίζομαι (erweise mich gefällig:)
1. willfahre, gebe nach
† 2. schenke gern, aus
Gnaden
● † τὸ χάρισμα Gnadengeschenk,
-gabe
● † εὐχαριστέω bin dankbar, sage
Dank
● † εὐχαριστίᾱ Dankbarkeit, Dank-
sagung [Fw Eucharistie
= Herrnmahl]

o 698 χαλάω lasse * nach, † hinab
699 χαλεπός schwierig, beschwer-
lich, schlimm

* χαλεπαίνω bin ungehalten, zürne
o 700 χαλκός Erz, Kupfer, Bronze
701 † ὁ χαρακτήρ, (Präger:) Gepräge, Ab-
ῆρος druck [Fw Charakter]
o † τὸ χάραγμα 1. (eingeprägtes) Mal-
(zeichen)
2. Gebilde
o 702 † τὸ χεῖλος 1. Lippe 2. Rand
● 703 ὁ χειμών, ῶνος Winter(wetter),
Sturm [L: hiems]
● 704 ἡ χείρ, χειρός Hand [Fw Chirurg]
Dat. Pl. χερσί
ἐπιχειρέω τινί lege Hand an, unter-
nehme, versuche
● 705 χείρων, ονος * geringer; schlechter,
† schlimmer

706 (Wz χεϜ-, χυ- D: gießen):

● χέω u. † -χύ(ν)νω gieße
Aor. ἔχεα

707 (ghēro- verwaistes Gut L: hērēs Erbe):

● † χήρᾱ Witwe
● χώρᾱ (leerer, freier) Raum,
Platz, Land
● χωρίον * 1. Ort, (fester) Platz
2. Grundstück, Land-
gut
o † ἡ περίχωρος Umgegend, Nachbar-
(sc. γῆ) schaft
● χωρέω (gebe Raum:)
1. gehe (fort, vonstat-
ten)
2. fasse (z. B. v. Gefäßen)
● ἀναχωρέω ziehe mich zurück,
weiche zurück
[Fw Anachoret]
* συγχωρέω räume ein, gestehe
= concēdō zu, gestatte
● χωρίς 1. Adv: getrennt
2. τινός: (getrennt von
=) ohne, außer
● χωρίζω * τινός trenne von
708 * χθές, † ἐχθές D: gestern
L: heri
● 709 χίλιοι tausend

● 710 ὁ χιτών, ῶνος — *Chiton*, Leibrock o.ä.
    (Lw a.d. Semit.) — [L: *tunica*]

● 711 † χοῖρος — Ferkel, Schwein

712 χορός — Tanz, *Chor*

○ † (ἐπι-)χορηγέω — (urspr. einen Chor füh-
    ren bzw. finanzieren:)
    biete dar, gewähre, un-
    terstütze

● 713 † χόρτος — (eig. Gehege:)
    L: *hortus* — Futter, Gras, Heu

● † χορτάζω — sättige jmd. mit
    τινά τινος — etw.

714 χρή (sc. ἐστι) — (es ist v. d. Sache her er-
    * Impf. χρῆν, — forderlich:) man sollte,
    ἐχρῆν — muß
    * Inf. χρῆναι

● χρεία — 1. Bedürfnis
    * 2. Gebrauch, Nutzen

○ † χρῄζω τινός — habe etw. nötig, brauche

● χρήομαί τινι — (trete in Verbindung mit:)
    u. καταχρ. — gebrauche etw.

○ χρηστός u. — brauchbar, gut,
    χρήσιμος 2 u. 3 † gütig

● † ἡ χρηστότης, — Güte
    τητος

○ τὸ χρῆμα — Sache (die man
    braucht); meist Pl: Ver-
    mögen, Geld

● παραχρῆμα (Adv.) — (gleich bei d. Sache:) auf
    der Stelle, sofort

● †́ χρηματίζω — 1. erteile göttliche
    [χρήω gebe — Weisung (Pass:
    ein Orakel] — empfange g. W.)
    2. führe einen Namen,
    heiße

* χρηματίζομαι — mache Geldgeschäfte

○ 715 † χρίω — salbe

● † Χριστός — Gesalbter, Messias

● 716 χρόνος — Zeit(raum, -dauer)
    [Fw *Chronik*]

○ † χρονίζω — verweile, zögere

● 717 χρυσός — Gold
    (Lw a. d. Semit.)

● χρυσοῦς — golden
● χρυσίον — Gold(münze), Geld

● 718 † χωλός — lahm

Ψ

● 719 † ψάλλω — (zupfe d. Saite:) lobsin-
    ge [Fw *Psalm*]

720 * ψέγω — tadle
    * ψόγος — Tadel

● 721 ψεύδομαι — 1. Med: lüge
    * 2. Pass: täusche
    mich in etwas (τινός)

● τὸ ψεῦδος — Lüge, Täuschung
    ψευδής — 1. (Person:) verlogen
    * 2. (Sache:) erlogen,
    falsch

● † ψεύστης — Lügner

722 ἡ ψῆφος — (Steinchen:) 1. Stimm-
    stein
    † 2. Amulett

† ψηφίζω — (be)rechne
* ψηφίζομαι — beschließe (eig. durch
    Abstimmung)

* καταψηφίζομαί verurteile jmd. zu
    τινός τι — etw.; erkläre jmd. ei-
    ner Sache für schuldig

○ 723 ψύχω — † hauche; kühle ab
● ψυχή — (Atem:) Leben, Seele
    ψυχρός — kalt

Ω

○ 724 ὠθέω — stoße
    augm. * ἐω- † ὠ-

725 ὠνέομαι — (einen Kauf abhandeln:)
    L: *vēn*(dere, -īre) kaufe

726 (Wz *jēr-, jōr-* D: *Jahr*):

● ὥρα — 1. (* Jahres-) Tages-
    L: Lw *hōra* — zeit, Stunde
    D: Lw *Uhr* — [Fw *Horoskop*]
    2. (rechte) Zeit; * Blü-
    tezeit

Index

zur Auffindung der Vokabeln, die aus der alphabetischen Reihenfolge der unterstrichenen Leitwörter herausfallen. Die Ziffern verweisen auf die Wortgruppe im Wortschatz.